Vergleich des See- und Schienengüterverkehrs
zwischen China und Europa

Europäische Hochschulschriften

Publications Universitaires Européennes
European University Studies

Reihe V
Volks- und Betriebswirtschaft

Série V Series V
Sciences économiques, gestion d'entreprise
Economics and Management

Bd./Vol. 3403

PETER LANG
Frankfurt am Main · Berlin · Bern · Bruxelles · New York · Oxford · Wien

Alin Preuß

Vergleich des See- und Schienengüterverkehrs zwischen China und Europa

Am Beispiel eines Transportes von metallurgischen Walzen von Tianjin nach Zhlobin

PETER LANG
Internationaler Verlag der Wissenschaften

Bibliografische Information der Deutschen Nationalbibliothek
Die Deutsche Nationalbibliothek verzeichnet diese Publikation in der Deutschen Nationalbibliografie; detaillierte bibliografische Daten sind im Internet über http://dnb.d-nb.de abrufbar.

Gedruckt auf alterungsbeständigem,
säurefreiem Papier.

ISSN 0531-7339
ISBN 978-3-631-60777-0

www.peterlang.de

Vorwort

Es ist wohl auch heute oft noch ein Abenteuer, Menschen und Güter aus dem Fernen Osten nach Europa und in der umgekehrten Richtung auf dem Landweg zu transportieren. Es sind viele Schwierigkeiten zu überwinden, vor allem natürliche, aber auch politische. In den letzten Jahren hat es viele Ansätze gegeben, stabile und regelmäßige logistische Verbindungen zu Lande zwischen diesen Teilen der Welt aufzubauen. An vielen Orten werden vor allem die Straßenverbindungen ausgebaut. Eisenbahnverbindungen bestehen seit langem, aber ihre Leistungsfähigkeit genügt oft nicht den modernen Anforderungen. Es war deshalb eine interessante Frage, zu untersuchen, auf welchen Wegen man einen Transport schwerer Güter von China nach Weißrussland durchführen kann und welches die wirtschaftlichste Lösung dieses Transportproblems ist.

Am Beginn der Arbeit stand die Frage, ob das Thema überhaupt für eine Diplomarbeit ausreichend ist. Die Zweifel konnten schnell beseitigt werden. Untersucht wurde dann der Transport metallurgischer Walzen von China nach Europa, der über einen längeren Zeitraum regelmäßig durchzuführen ist. Da das Transportaufkommen zwischen Europa und China seit Jahren wächst, wurden ergänzend zum traditionellen Seefrachtverkehr auch verschiedene Landwege konzipiert und bewertet. Aufgabe der Arbeit war es deshalb vor allem zu prüfen, ob im konkreten Fall der Schienentransport wirtschaftliche Vorteile gegenüber dem bisher durchgeführten Seetransport aufweist. Entstanden ist ein Ergebnis, das viele Aspekte der Gestaltung der Logistik zwischen China und Europa behandelt. Trotz des Umfangs der Arbeit ist sie interessant zu lesen. Oft stellt man sich die Frage, wie die Zukunft der Transporte zwischen China und Europa aussehen wird. Wird weiterhin das Container-Schiff dominieren oder wird die Landverbindung an Bedeutung gewinnen?

Ich freue mich, dass sich nun die Möglichkeit ergeben hat, die Untersuchung und ihre Ergebnisse einem breiteren interessierten Publikum zugänglich zu machen. Es wäre spannend, die Untersuchung in einigen Jahren noch einmal zu machen und zu prüfen, ob sich die Transportverbindungen wie gewünscht entwickelt haben. Der Autorin wünsche ich viel Erfolg in ihrer beruflichen Tätigkeit, vielleicht weiter auf dem Gebiet der Logistik.

Klaus Wich-Heiter

Inhaltsverzeichnis

Abbildungsverzeichnis

Tabellenverzeichnis

Abkürzungsverzeichnis

ADSp	Allgemeine Deutsche Spediteurbedingungen
AGS	Aden Gulf Surcharge
ASA	American Standards Association
BAF	Bunker Adjustment Factor
BAM	Baikal-Amur-Magistrale
B/L	Bill of Lading – Konnossement
BRZ	Bruttoraumzahl
cu. ft.	cubic foot – Kubikfuß (1 cu. ft. = 0,028m^3)
CAF	Currency Adjustment Factor
CAREC	Central Asian Regional Economic Cooperation
CCTT	Coordinating Council on Transsiberian Transportation – Koordinationsrat für Transsibirische Verkehre
CFS	Container Freight Station – Containerpackstation
CIM	Convention International concernant le Transport des Marchandises par Chemin de Fer – Einheitliche Rechtsvorschriften über die internationale Eisenbahnbeförderung
CMV	Container Motor Vessel
CNY	Yuan, Renminbi (chinesische Währung)
CO	Kohlenstoffmonoxid
CO_2	Kohlenstoffdioxid
ConRO	Container-Ro/Ro-Schiff (Roll on Roll off; Frachtschifftyp)
COTIF	Convention Relative aux Transports Internationaux Ferroviares – Übereinkommen über den internationalen Eisenbahnverkehr
CSC	Container Security Charge
CTV	Container Turbine Vessel
CY	Container Yard – Container Depot
DB	Deutsche Bahn AG
DIN	Deutsches Institut für Normung
D/O	Delivery Order - Lieferschein
EIU	Eisenbahninfrastrukturunternehmen
EU	Europäische Union
EUCAM	EU-Central Asia Monitoring (EU-Forschungsprojekt in Zentralasien)
EUR	Euro
EurAsEC	EurAsian Economic Community – Eurasische Wirtschaftsgemeinschaft

EVO	Eisenbahnverkehrsordnung
EVU	Eisenbahnverkehrsunternehmen
FCA	Free Carrier – Frei Frachtführer (Incoterm)
FCL	Full Container Load – Vollcontainerladung
FEFC	Far Eastern Freight Conference
FOB	Free on Board – Frei an Bord (Incoterm)
FOC	Flags of Convenience – Billigflagge
FOR	Free on Rail – Frei Waggon (Incoterm)
FOT	Free on Truck (Incoterm)
g	Erdschwerebeschleunigung
GUS	Gemeinschaft Unabhängiger Staaten
HC	Kohlenwasserstoffe
HH	Hamburg
H/H	Haus-Haus-Transport
H/P	Haus-Port-Transport
ICC	International Chamber of Commerce – Internationale Handelskammer
ifeu	Institut für Energie- und Umweltforschung Heidelberg
IHK	Industrie- und Handelskammer
IKB	Deutsche Industriebank
IMB	International Maritime Bureau
IMO	International Maritime Organization – Internationale Schifffahrts-Organisation
Incoterms	International Commercial Terms – Internationale Handelsklauseln
ISO	International Organization for Standardization – Internationale Organisation für Normung
ISPS	International Ship and Port Facility Security-Code
kg	Kilogramm
KLV	Kombinierter Ladungsverkehr
km	Kilometer
km/h	Kilometer pro Stunde
KPCh	Kommunistische Partei Chinas
L	Leipzig
LCL	Less Container Load - Containerteilladung
LKW	Lastkraftwagen
Lo/Lo	Lift on Lift off (Frachtschifftyp)
m^3	Kubikmeter

Mio.	Million
mm	Millimeter
MS	Motorschiff
m/s²	Meter pro Quadratsekunde
MSCHOA	Maritime Security Center Horn of Africa
MTO	Multimodal Transport Operator
NO_x	Gruppe der Stickstoffoxide
NRZ	Nettoraumzahl
NVOCC	Non-Vessel-Operating-Common-Carrier
OBC	Ore-Bulk-Container-Schiff (ein Massengutfrachter)
OSShD	Organisazija Sotrudnitschestwa Shelesnych Dorug – Organisation für die Zusammenarbeit der Eisenbahnen
OTIF	Organisation Intergouvernementale pour les Transports Internationaux Ferroviares – Organisation für den internationalen Eisenbahnverkehr
P/H	Port-Haus-Transport
PKP	Polskie Koleje Pánstwowe – Polnische Staatsbahnen
PKW	Personenkraftwagen
P/P	Port-Port-Transport
P u. I	Protection and Indemnity – Schiffshaftpflichtversicherung
RMB	Renminbi (chinesische Währung)
Ro/Ro	Roll on Roll off (Frachtschifftyp)
RZD	Rossijskije Schelesnyje Dorogi – Russische Eisenbahn
SAT	Internationaler Eisenbahngütertarif Österreich-UdSSR-Nachfolgestaaten
SMSG	Abkommen über den Internationalen Eisenbahnverkehr
t	Tonne
TAR	Trans-Asian Railway
tdw	tons dead weight – Ladetonne
TEU	Twenty-foot Equivalent Unit – 20-Fuß-Standardcontainer
THC	Terminal Handling Charge
TIR	Transports Internationaux Routiers (zollrechtliches Versandverfahren)
TJ	Tianjin
TRACECA	Transport Corridor Europe Caucasus Asia
TS	Turbinenschiff
TSR	Transsibirische Route
TUL	Transport, Umschlag, Lagerung

UdSSR	Union der Sozialistischen Sowjetrepubliken
UIC	Union Internationale des Chemins de Fer – Internationaler Eisenbahnverband
UIRR	Union Internationale des Sociétés de Transport Combiné Rail-Route – Internationale Vereinigung der Gesellschaften für den Kombinierten Verkehr Schiene-Straße
UNESCAP	United Nations Economic and Social Commission for Asia and the Pacific – Wirtschafts- und Sozialkommission für Asian und den Pazifik der Vereinten Nationen
UNO	United Nations Organization – Organisation der Vereinten Nationen
USA	United States of America – Vereinte Staaten von Amerika
USD	US-Dollar
UV-Licht	ultraviolettes Licht
WTO	World Trade Organization – Welthandelsorganisation
ZAO ERL	Aktiengesellschaft Eurasia Rail Logistics
ZH	Zhlobin

1 Ziel der Arbeit und Vorstellung des Walzenmarktes

1.1 Ziel der Arbeit

Zwischen 1990 und 2008 wuchs der weltweite Außenhandel von 3,5 Billionen USD auf 16 Billionen USD. Die stärkste Entwicklung fand in China statt, wo in diesem Zeitraum sowohl die Einfuhren als auch die Ausfuhren auf das Zwanzigfache stiegen. Dadurch konnte China seinen Anteil am Welthandel von knapp 2% auf fast 10% erhöhen. *(vgl. Gehle-Dechant, Steinfelder, Wirsing 2009, S.37 und S.40f.)*

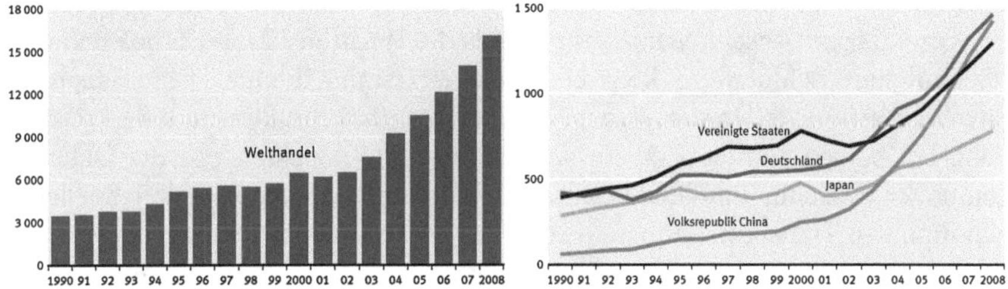

Abbildung 1-1: *Die Entwicklung des Welthandels und der größten Exportnationen zwischen 1990 und 2008 (Ausfuhren in Milliarden USD) (Gehle-Dechant, Steinfelder, Wirsing 2009, S.40)*

Die zweitgrößte Gütergruppe am Welthandel stellen nach der groben Einteilung der WTO mit 16% die ‚Maschinen und Transportausrüstungen' dar (nach den ‚Brennstoffen und Bergbauprodukten' mit 19%). *(vgl. Gehle Dechant, Steinfelder, Wirsing 2009, S.20)* Ein besonders exportorientierter Teil des Maschinenbaus sind die Hütten- und Walzwerkeinrichtungen. In Deutschland betragen die Exportumsätze gemessen an den Gesamtumsätzen in diesem Bereich über 90%. *(vgl. Leiste 2008)*

Für die Drahtstraße eines weißrussischen Walzwerks importiert ein Handelsunternehmen für Ersatz- und Verschleißteile in der Metallurgie regelmäßig Walzen aus China. Diese werden von Tianjin per Containerschiff nach Hamburg transportiert und von dort weiter per LKW oder Bahn nach Dresden. Ab Dresden übernimmt die Spedition des Walzwerkes die Walzen und bringt sie nach Zhlobin.

Da diese Transportvariante nicht mehr wirtschaftlich erscheint, soll geprüft werden, welche Alternativen in Frage kommen. Von Interesse ist v.a. die in letzter Zeit in den Medien diskutierte Möglichkeit, Container mit der Transsibirischen Eisenbahn von China nach Europa zu befördern.

Das Ziel dieser Untersuchung besteht darin, herauszufinden, welche der beiden genannten Varianten für Walzentransporte von China nach Weißrussland am vorteilhaftesten ist.

Dazu sollen zunächst die Transportgüter Walzen und der chinesisch-europäische Walzenmarkt kurz vorgestellt werden.

Im zweiten Kapitel werden die Grundlagen internationaler Gütertransporte und die Containerisierung behandelt, um dann nach einer Vorstellung der gängigen Verkehrsträger die Untersuchung des Schienen- und Seegüterverkehrs zu begründen.

Diese beiden Verkehrsträger sollen im dritten Kapitel ausführlich verglichen werden, zunächst allgemein im Hinblick auf Organisation, Technik und rechtliche Grundlagen. Anschließend wird jeweils die Relation China-Europa betrachtet und zum Schluss die konkrete Strecke Tianjin-Zhlobin. Das Hauptvergleichskriterium stellen die Transportkosten dar. Ihre Struktur und die Preisbildung bei beiden Verkehrsträgern werden separat beleuchtet. Für die Untersuchung der tatsächlich anfallenden Kosten wurden Angebote mehrerer Speditionen für einen Transport, der bereits im März 2010 durchführt wurde, eingeholt.

Um eine einseitige Kostenfokussierung zu vermeiden, werden anschließend weitere Vergleichskriterien untersucht, beispielsweise die physischen Belastungen der Transportgüter durch die jeweiligen Verkehrsträger, die Transportzeiten etc.

Zum Schluss soll die Entwicklung der Containerschifffahrt und des Schienengüterverkehrs der letzten Jahre betrachtet werden, um so Aussagen zu einer künftigen Transportkostenentwicklung zu treffen.

1.2 Der chinesisch-europäische Walzenhandel

Die zentralen Produktionswerkzeuge in den Walzwerken sind metallurgische Walzen. Als Verschleißteile wird ihr Bedarf in erster Linie vom Produktionsvolumen bestimmt. Ein bedeutendes Einsatzfeld von Walzen sind Stahlwerke, da sie den Stahl in der Regel nicht in Form von Rohstahl sondern als Walzprodukte verkaufen. Somit hat die Menge des weltweit produzierten Stahls einen erheblichen Einfluss auf den internationalen Bedarf an Walzen.

Mit Hilfe von Walzen wird Walzgut plastisch verformt, indem es den Walzspalt, der sich zwischen den Walzen befindet, mit einer reduzierten Höhe oder veränderter Form verlässt. Die Formen der Walzen reichen von zylindrischen Vollkörpern in den einfachsten Fällen bis hin zu sogenannten kalibrierten Walzen, deren Mantellinie eingeschnitten ist, um so Profile oder Rohre herzustellen. Walzen können entsprechend ihres Verwendungszwecks gegossen oder geschmiedet werden, legiert oder unlegiert sein, weiterhin können sie aus einem Werkstoff bestehen oder aus mehreren Werkstoffen (Verbundwalzen). Ihre Qualität und Technologie hat einen erheblichen Einfluss auf die Qualität und Menge der gewalzten Produkte. *(vgl. Liu 2009; Schwenzfeier 1979, S.21f. und 40f.; Akers Group 2008, S.2; Eckert-Kömen, Mohaupt, Nermanik 2009, S.2)*

Die Walzengießerei löste sich allmählich als Spezialaufgabe aus der allgemeinen Eisengießerei heraus und ihre Produktionsstätten siedelten sich zunächst in der Nähe der Stahlwerke an, mit denen eine enge Kooperation bestand. Die europäischen Erfahrungen auf diesem Gebiet reichen über hundert Jahre zurück, so dass hier viele Entwicklungen gemacht wurden. In der Folge sind Europas Walzenhersteller sehr exportorientiert, während gleichzeitig die hiesigen Walzenanwender eher auf europäische Walzen fixiert sind.[1] Es gibt knapp zwanzig Walzengießereien in Europa. Zwischen 2000 und 2005 betrug der Anteil der im eigenen Land verkauften Walzen dieser Unternehmen durchschnittlich 30%, während der Exportanteil etwa bei 70% lag (mit leicht steigender Tendenz). Von den Exporten wurden knapp die Hälfte innerhalb der EU gehandelt und rund 55% außerhalb der EU.[2]

Vor der Wirtschaftskrise 2008/2009 hatten die Stahlwerke an der Kapazitätsgrenze produziert und in großen Mengen Walzen eingekauft. Bei den europäischen Walzenherstellern führte das zu vollen Auftragsbüchern bis Anfang 2009. Ab dem Sommer 2008 erreichte die Wirtschaftskrise jedoch auch die Walzwerke in Form eines Rückganges der weltweiten Nachfrage nach Stahl. In der Folge reduzierten sie ihre Kapazitäten, indem die Werke teilweise geschlossen und Investitionen sowie der Einkauf gestoppt wurden. Zunächst kamen die gelagerten Bestände an Walzen in den Walzwerken zum Einsatz. Daneben versuchten sie, Lieferungen zu verzögern oder zu stornieren.

Bei den Walzenherstellern sanken die Produktionsmengen letztendlich stärker als bei den Walzwerken. Im Jahr 2009 gab es praktisch keine neuen Bestellungen und wenn doch, dann unter der Erwartung sehr niedriger Preise auf Grund freier Kapazitäten.

Eine Erholung setzte Ende 2009 ein. In Europa steigt die Nachfrage nach Walzen wieder an. Allerdings erfolgen die Bestellungen wesentlich kurzfristiger. *(vgl. Akers Group 2008, S. 11; Akers Group 2009, S.2; Akers Group 2010, S.4 und S.6)*

---

1 Informationen von Inter-Marketing Ruppelt

2 Eigene Berechnung auf Grundlage von Daten, die von der Walzengießerei Coswig GmbH zur Verfügung gestellt wurden.

Einzig die Exporte von Walzen nach China wurden von der Wirtschaftskrise nicht so stark getroffen. Einen Beitrag dazu leistete das chinesische Konjunkturpaket über vier Billionen RMB (davon zwei Billionen RMB für den Ausbau der Infrastruktur, speziell Eisenbahn), das einen zusätzliche Bedarf von bis zu 100 Mio. Tonnen Stahl generierte. Ein weiterer Grund für stabile Exporte von Walzwerkausrüstungen nach China besteht darin, dass die chinesischen Walzwerke, um Außenhandel zu betreiben, gezwungen sind, ihre Produktion zu modernisieren, da sie im Ausland nur hochwertige Stahlerzeugnisse absetzen können. Zwar war die Nachfrage nach europäischen Walzen Anfang 2009 niedrig, da auch in China die Stahlproduktion zunächst sank und die chinesischen Anwender Walzen auf Grund der niedrigeren Preise lokal einkauften. Jedoch verbesserte sich die Situation schon nach dem ersten Quartal 2009, wobei die chinesischen Lieferanten ihren Marktanteil vergrößern konnten.

Für Walzwerks- und Gießereitechnik ist China der weltweit größte Importeur, v.a. deutscher Produkte. Nur bei Walzen haben Japan mit 20% und die USA mit 17% einen größeren Marktanteil als Deutschland. *(vgl. Schaaf 2009; Akers Group 2010, S.16)*

In China selbst gibt es 65 Unternehmen für Walzwerkstechnik. Davon ist Xingtai Machinery Mill Roll das größte. *(vgl. Schaaf 2009)*

Seit den siebziger Jahren hat sich die chinesische Walzenindustrie stetig entwickelt. Um den Abstand zu den westlichen Ländern abzubauen, verbessern die chinesischen Hersteller gemeinsam mit Forschungszentren die Walzen, ihre Technologien und Herstellungsverfahren und entwickeln selbst neue Walzen.

Auch von staatlicher Seite erhalten sie Unterstützung. Beispielsweise verpflichtet sich der größte chinesische Walzenhersteller Xingtai 1992 auf einer vom Staatsrat einberufenen Debatte mit Wirtschaftsvertretern gegenüber Li Peng[3] dazu, die Exporte auszudehnen. Darauf besuchte Jiang Zemin[4] das Werk.

Bis in die 90er Jahre hinein konnten die chinesischen Walzenhersteller in weltweit zehn Länder und Regionen Exportbeziehungen aufbauen, 2005 waren es bereits 74 Länder und Regionen.

Inzwischen gehört China zu den großen Stahl produzierenden Ländern.[5] Es werden immer noch neue Walzwerke aufgebaut und die bestehenden verbessert.

---

3 Li Peng war von 1987 bis 1998 Premierminister der Volksrepublik China und von 1998 bis 2003 Vorsitzender des Nationalen Volkskongresses sowie hohes Mitglied des Politbüros der KPCh.

4 Jiang Zemin war von 1989 bis 2002 Generalsekretär des Zentralkomitees der KPCh und von 1993 bis 2003 Staatspräsident der Volksrepublik China.

5 Das Diagramm zur weltweiten Rohstahlherstellung im **Anhang 1-1** verdeutlicht, dass das Wachstum der Stahlproduktion im Wesentlichen von der Entwicklung der chinesischen Stahlindustrie getragen wird. Laut der IKB-Studie ‚Metallindustrie 2020‘ hat die

In China selbst werden vorrangig kleine bis mittlere Walzentypen hergestellt. Die neuen Walzwerke benötigen jedoch große Walzentypen. Zudem können die chinesischen Hersteller, was das Herstellungsvermögen, die Ausrüstung, Technologie und andere Aspekte anbelangt, deren Ansprüche nicht erfüllen. Aus diesem Grund werden Walzen in großen Mengen aus dem Ausland bezogen. Alle namenhaften internationalen Walzenhersteller sind bereits auf dem chinesischen Markt vertreten. Die Menge der chinesischen Walzenimporte übersteigt deutlich die der –exporte. Diese Tendenz wird sich auch in Zukunft noch fortsetzen. Derzeit hat China einen Jahresverbrauch an Walzen von etwa 200.000t. *(vgl. Liu 2009; China Sunny & Forecasting Information Consultant Ltd. 2006)*

Chinesische Exporte gehen hauptsächlich in die südostasiatischen Länder, da dort v.a. kleine Stahlwerke ansässig sind, die die mittleren und kleinen chinesischen Walzen gut einsetzen können, darunter Indonesien, Thailand, Malaysia und Vietnam. Nach Japan werden ebenfalls chinesische Walzen exportiert, jedoch sind deren Mengen begrenzt, da in Japan größtenteils Walzen der neusten Technologien eingesetzt werden, die auch dort entwickelt wurden.

Ein weiterer Exportmarkt befindet sich in Westasien. Pakistan, der Iran und die Arabischen Emirate kaufen bereits chinesische Walzen ein, wobei sich die einzelnen Bestellungen in dieser Region durch sehr hohe Werte auszeichnen.

Nach Südafrika und Ägypten bestehen ebenfalls Handelsbeziehungen, sowie in einige afrikanische Länder, in denen sich die Stahlindustrie entwickelt, wie Kenia oder Nigeria.

Chancen ergeben sich für die chinesischen Hersteller auch in den amerikanischen Ländern wie den USA oder Mexiko.

In den europäischen Markt zu liefern erweist sich für chinesische Hersteller als schwierig, auch wenn die hiesigen Anwender bereits mit den chinesischen Walzen in Kontakt gekommen sind. In Europa bestehen lange Zuliefer-Abnehmerbeziehungen.

Generell, konstatiert Liu, haben alle stahlherstellenden Nationen eigene Walzenhersteller. Diese verfügen über lange Erfahrungen in der Herstellung von Walzen, fortschrittliche Technologien, eine stabile Produktqualität, eine hohe Herstellungsleistung, flexible Preise sowie lange und stabile Vertriebsbeziehungen zu ihren Kunden. Somit gibt es zwar einen großen Markt für chinesische Walzen, die Konkurrenz ist jedoch sehr stark. Chancen ergeben sich für die chi-

---

Entstehung einer leistungsfähigen Industrie in China ein hohes Wachstum bei den klassischen Abnehmerbranchen der Stahlindustrie (Automobilindustrie, Maschinenbau und Bauwirtschaft) generiert und war der auffälligste Trend der letzten zehn Jahre. Der Stahlbedarf wird in China zum größten Teil aus der lokalen Produktion bedient. Da sich das in Zukunft noch verstärken wird, rechnet die IKB mit einem weiteren Wachstum der chinesischen Stahlindustrie. *(vgl. Eckert-Kömen, Mohaupt, Nermanik 2009, S.6)* nesische Walzenindustrie daraus, dass Walzen ein arbeitsintensives Gut sind, das durch seine speziellen Herstellungsbedingungen in den westlichen Ländern an Bedeutung verliert. Während in den entwickelten Ländern nur noch große und hochtechnische Walzen hergestellt werden, produzieren die ‚mittleren entwickelten Länder' inzwischen die mittleren und kleinen Walzen. Zwei britische Hersteller mussten bereits ihre Produktion einstellen und die chinesischen Hersteller rechnen damit, dass weltweit weitere Walzenhersteller verschwinden und stattdessen in China neue entstehen. Das wird den Export chinesischer Walzen antreiben. Durch den Einfluss von Im- und Exporten hat sich das Niveau der chinesischen Walzenherstellung sowie die Technologie und Ausrüstung der Produzenten bereits entwickelt und ist auf einer relativ hohen Stufe angelangt. Allerdings besteht im internationalen Vergleich nach wie vor ein Leistungsunterschied, der zu niedrigen Preisen und einer geringen Wertschöpfung im Export führt. *(vgl. Liu 2009; China Sunny & Forecasting Information Consultant Ltd. 2006)*

Die Statistik in **Tabelle 1-1** zeigt die chinesischen Walzenexporte von 2000 bis 2005. Daraus geht hervor, dass die Werte der Exporte stärker stiegen als die Menge. Ein Grund dafür ist die unterschiedliche Zusammensetzung der Exporte. Das führt weiterhin zu den stark schwankenden durchschnittlichen Stückpreisen.

Der Walzenhandel zwischen China und der EU der letzten Jahre für sich betrachtet ergibt folgendes Bild:

Zwischen 2000 und 2008 hat sich die Menge der Walzenexporte nach China von rund 4.400t auf rund 23.500t verfünffacht, während sich ihr Wert von 11,3 Mio. USD auf 118,3 Mio. USD sogar verzehnfacht hat. Somit konnte sich der durchschnittliche Preis pro Tonne verdoppeln.

Auch die Importe aus China sind stark gewachsen, mengenmäßig von etwa 600t auf 8.700t um das Vierzehnfache, wertmäßig von 1,4 Mio. USD auf 21,5 Mio. USD um das Fünfzehnfache. Der durchschnittliche Preis pro Tonne stieg ebenfalls, aber nicht in dem Umfang wie bei den Exporten.

Tabelle 1-1: *Exporte chinesische Walzen 2000 bis 2005 (vgl. China Sunny & Forecasting Information Consultant Ltd. 2006)*

Jahr	**Gesamte Exportmenge**		**Wichtigste Länder für Walzenexporte**	
			Land	**Menge** (Stück)
2000	Anzahl	17.123	Vietnam	6.131
	Wert	8.545.000USD	Hong Kong	2.604
	Durchschnittlicher Stückpreis	499USD/Stück	Australien	2.075
			Amerika	1.400
2001	Anzahl	11.300	Indonesien	2.066
	Wert	13.118.000USD	Amerika	1.590
	Durchschnittlicher Stückpreis	1.161USD/Stück	Taiwan	1.356
			Japan	967
2002	Anzahl	35.243	Nigeria	12.890
	Wert	14.760.000USD	Taiwan	6.238
	Durchschnittlicher Stückpreis	419USD/Stück	Indonesien	3.319
			Südkorea	1.967
2003	Anzahl	27.460	Indonesien	7.155
	Wert	18.785.000USD	Vietnam	3.061
	Durchschnittlicher Stückpreis	684USD/Stück	Pakistan	2.600
			Japan	2.471
2004	Anzahl	25.928	Vietnam	6.131
	Wert	34.140.000USD	Japan	3.726
	Durchschnittlicher Stückpreis	1.317USD/Stück	Amerika	3.673
			Indonesien	1.746
2005	Anzahl	50.438	Kenia	20.332
	Wert	48.560.000USD	Japan	4.649
	Durchschnittlicher Stückpreis	963USD/Stück	Amerika	4.452
			Mexiko	1.723

Somit betragen die Exporte ein Vielfaches der Importe. War die Exportmenge 2000 noch siebenmal so groß wie die Importmenge, sank sie 2008 jedoch auf die dreifache Menge. Wertmäßig ist der Abstand der Exporte zu den Importen größer und die Entwicklung weniger stark ausgeprägt: von acht zu eins 2000 sanken die Exporte zu den Importen auf rund sechs zu eins 2008.[6]

1.3 Hergang der Untersuchung

Bei der untersuchten Lieferung handelt es sich um sechzehn kleine Walzen eines chinesischen Herstellers für eine Drahtstraße, d.h. Profilwalzen. Ihr Nettogewicht beträgt je 880kg. Sie werden zu zweit auf verschweißten Stahlträgern transportiert, auf denen sie mit Bügeln fixiert sind. Diese Gestelle können mit Gabelstaplern behandelt, aber nicht gestapelt werden. Sie haben eine Grundfläche von etwa 2.010mm x 730mm, sind etwa 570mm hoch und wiegen zusammen mit den zwei Walzen jeweils rund 1.800kg. Alle sechzehn Walzen haben somit ein Bruttogewicht von 14,4t und können gemeinsam in einen 20-Fuß-Container geladen werden.

Diese Lieferung wurde real im März 2010 ausgeführt. Zum Zwecke der Untersuchung wurden weitere Anfragen mit den gleichen Daten an Speditionen geschickt, die Schienen- bzw. Seegütertransporte anbieten. Um objektive Angebote zu erhalten, wurden bewusst unterschiedliche Speditionen ausgewählt und vermieden, für beide Verkehrsträger bei der gleichen Spedition anzufragen.

---

6 Eigene Berechnungen auf der Grundlage von Datenbankabfragen bei Eurostat, siehe **Anhang 1-2**. Die Schwankungen in der Exportkurve von Europa nach China lassen sich durch die internationale Stahlherstellung erklären. Demnach sinkt die Exportmenge europäischer Walzen in Jahren in denen es zu Spitzen in der Stahlherstellung in Europa kommt (siehe **Anhang 1-1**).

2 Internationale Gütertransporte

Um den internationalen Handel überhaupt zu ermöglichen, müssen große Distanzen und Landesgrenzen überwunden werden. Die daraus resultierenden internationalen Transportketten bestehen für gewöhnlich aus mehreren Transportgliedern und sind komplexer als Transportketten für nationale Transporte. *(vgl. Schieck 2008, S.165)* Ihre Struktur wird im folgenden Kapital erläutert. Dabei sollen die Besonderheiten internationaler Transporte hervorgehoben und die Containerisierung als ein typisches Phänomen erläutert werden.

Anschließend sollen die verschiedenen Verkehrsträger, die bei internationalen Transporten zum Einsatz kommen, kurz vorgestellt und hinsichtlich ihrer Eignung für das Transportgut metallurgische Walzen und der Strecke von China nach Weißrussland bewertet werden.

2.1 Gliederung internationaler Transporte

Generell handelt es sich bei Transporten um Dienstleistungen, die nur auf bestimmten Relationen angeboten und nachgefragt werden. Sie sind immateriell und damit nicht lagerfähig. Das führt dazu, dass die entsprechenden Dienstleister Transportkapazitäten statt Fertigprodukte vorhalten und die Produktion mit dem Konsum zusammen fällt. *(vgl. Biebig, Althof, Wagener 2009, S.111 und S.283)*

Jeder Transportvorgang beginnt mit einem Umschlag im Lieferpunkt (Quelle) und endet mit einem Umschlag im Empfangspunkt (Senke). Sofern dazwischen keine weiteren Umschlag- oder Lagerprozesse stattfinden, spricht man von einem ungebrochenen Direkttransport oder von einer eingliedrigen Transportkette. *(vgl. Schieck 2008, S.163 und 170; Schubert 2000c, S.127)*

Gerade bei internationalen Transporten kommen jedoch häufig unterschiedliche Verkehrsträger für verschiedene Teilstrecken zur Anwendung, so dass der Transport durch Umschlagvorgänge (mit oder ohne Lagerung) unterbrochen wird. In diesem Fall spricht man von gebrochenen oder mehrgliedrigen Transporten. Je nachdem, wie oft umgeschlagen wird, entstehen einfach oder mehrfach gebrochene Transportketten.

Die Transporte werden häufig in die drei charakteristischen Abwicklungsphasen Vor-, Haupt- und Nachlauf unterteilt. Im Vorlauf werden die Transportgüter vom Exporteur zu einer Warenumschlagsstation gebracht, dabei kann es sich je nach Verkehrsträger um einen Bahnhof, einen Hafen, einen Flughafen oder ein Güterverkehrszentrum handeln. Im Hauptlauf werden die Güter zwischen den Warenumschlagstationen im In- und Ausland transportiert, um von dort aus schließlich im Nachlauf zum endgültigen Bestimmungsort befördert zu werden. *(vgl. Schieck 2008, S.170f.; Schubert 2000c, S.217; Büter 2007, S.217)*

Transportketten sind Verknüpfungen von logistischen Prozessen, die durch Informationen vorbereitet und begleitet werden. Sie lassen sich ablauforientiert betrachten und planmäßig wiederholen. Die Transportketten bestehen aus aufeinanderfolgenden Umschlags- und Transportoperationen, deren Kettenglieder jeweils die Struktur Umschlag-Transport-Umschlag haben. *(vgl. Schieck 2008, S.174; Schubert 2000c, S.128; Schönknecht 2009, S.13)*

Was auf den ersten Blick als eine Kette erscheint, ist global betrachtet Teil eines Netzwerkes aus Knoten und Kanten. Die Knoten stehen für Lagern oder Umschlag, die Kanten bzw. Speichen für Bewegungen des Transportgutes. Die Knoten können unterschiedliche Funktionen übernehmen. In den Teilflüssen sind sie sowohl Senken als auch Quellen, in denen die Verkehrsmittel gewechselt werden können. Es ist aber auch möglich, im Vorlauf durch einen Flächenverkehr viele kleine Gütermengen in einem sogenannten Konzentrationspunkt zu sammeln, um sie im Hauptlauf gemeinsam zu transportieren. Anschließend werden sie in einem sogenannten Auflösungspunkt wieder in kleine Mengen unterteilt und im Flächenverkehr zu verschiedenen Empfangspunkten geliefert. *(vgl. Schieck 2008, S. 22 und S.170f.; Ihme 2008, S.311f.)*

In der folgenden Abbildung werden die Möglichkeiten zur Gliederung von Transportketten zusammengefasst:

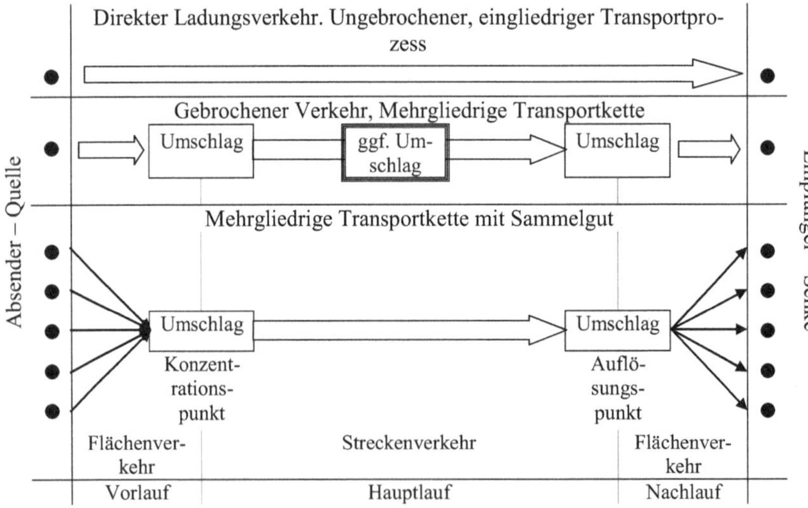

Abbildung 2-1: *Gliederung von Transportketten (vgl. Schieck 2008, S.171)*

2.2 Besonderheiten internationaler Transporte

Die im vorangegangenen Kapitel vorgestellten Modelle gelten sowohl für die nationale als auch für die internationale Logistik. Der Unterschied auf dieser Abstraktionsebene besteht lediglich darin, dass in der internationalen Logistik politische Grenzen überschritten werden. Dabei ist zu beachten, dass für die Verkehrsträger bei internationalen Transporten völkerrechtliche Reglungen gelten. *(vgl. Schieck 2008, S.46; Büter 2007, S.219)*

Weitere Unterschiede ergeben sich daraus, dass internationale Transporte zumeist größere Distanzen überwinden und dadurch auch mehr Zeit in Anspruch nehmen. Sie erstrecken sich teilweise über Ozeane, Kontinente und mehrere Klimazonen.

Für ihre Gestaltung gibt es mehr Alternativen als bei nationalen Transporten. Das betrifft die Verkehrsträger, die Transportstrecke sowie die zeitliche Gestaltung. Meist kommen mehrere verschiedene Verkehrsträger zum Einsatz, was zu zusätzlichen Lager- und Umschlagaktivitäten führt. Der Seegüterverkehr und der Luftverkehr finden bei internationalen Transporten eine häufigere Anwendung als bei nationalen Transporten.

Nicht nur der Transport der eigentlichen Objekte muss berücksichtigt werden, sondern auch der der Verpackungen und Ladungsträger, da beispielsweise Container und Paletten in einen Kreislauf zurück geführt werden müssen. So entstehen separate logistische Ströme. Durch Unpaarigkeiten, die aus dem unterschiedlichen Export- und Importverhalten der einzelnen Länder resultieren, sind sie in den internationalen Güterströmen jedoch komplexer als in der nationalen Logistik.

Verpackungen werden wichtiger, um den Schutz der Transportobjekte zu gewährleisten, da auf diese durch die längeren Transportzeiten, den Wechsel von Wetter und Klima sowie durch die Verkehrsträger zusätzliche Belastungen wirken können.

Auf Grund der Komplexität sind an der internationalen Logistik deutlich mehr Akteure beteiligt, u.a. Behörden und öffentliche Betriebe. Für gewöhnlich übertragen Absender und Empfänger Aufgaben wie Transport, Umschlag und Lagerung (TUL) sowie die Planung, Koordination und Kontrolle auf Dienstleistungsunternehmen, wie Speditionen. Eine Spedition wird vom Versender oder Empfänger durch einen Speditionsvertrag damit beauftragt, auf dessen Rechnung (und eventuell auch in dessen Namen oder aber in eigenem Namen) Frachtverträge mit Frachtführern zu schließen und die einzelnen Transportabschnitte aufeinander abzustimmen. Dabei ist es auch möglich, dass die Spedition teilweise selbst als Frachtführer auftritt (Selbsteintritt).

In der Konsequenz verstärkt sich der Informationsfluss zwischen den Akteuren, da durch die erhöhte Komplexität und das erhöhte Risiko häufiger Statusabfragen sowie Soll-Ist-Vergleiche durchgeführt werden. Nicht nur die Menge der Daten steigt, sondern auch ihre Nutzung wird intensiver. Der Dokumentenfluss erlangt somit eine höhere Bedeutung. *(vgl. Schieck 2008, S.54f.und 70ff.; Büter 2007, S.219f.)*

Eine 1989 von der weltweit größten Containerschiffreederei Maersk durchgeführte Studie fand beispielsweise heraus, dass an einem internationalen Handelsgeschäft im Durchschnitt 27 verschiedene Parteien beteiligt sind. Es werden 40 Originaldokumente sowie 360 Kopien dieser erstellt. Darin werden 200 Daten festgehalten, von denen 30 etwa 620-mal in verschiedenen Dokumenten wiederholt werden. 30% der Dokumentation dient ausschließlich dem Transport. In der Hälfte aller internationalen Handelsgeschäfte kommt es zu Fehlern oder Irrtümern in der Dokumentation. *(vgl. Schönknecht 2009, S.19)*

2.3 Containerisierung

Die Einführung der Container als verkehrsträgerübergreifende Standardladeeinheiten hat der internationalen Wirtschaft einen weiteren Auftrieb gegeben und sich zu ihrem Symbol entwickelt. Daher soll an dieser Stelle die Containerisierung separat betrachtet werden.

Der Container entstand in den 60er Jahren mit dem Ziel, Waren in einem Transportbehälter zu befördern, der sowohl auf LKW als auch auf Schiffen zum Einsatz kommen kann. Auf diese Weise wurde das Umladen der Waren überflüssig und der Umschlag konnte mechanisiert und so beschleunigt werden.

Den ersten Container entwickelte Malcom McLean 1956 und setzte ihn auf der Strecke von New York nach Huston ein. Danach ging die Verbreitung der Container zwar zunächst schleppend voran, wuchs jedoch seit den 80er Jahren stetig.

Die Containerisierung hatte vor allem auf den internationalen Schiffsverkehr große Auswirkungen. Durch sie wurde der Umschlag schneller und weniger arbeitsintensiv, was die Produktivität um ein Vielfaches steigerte. Das ermöglichte Investitionen in größere Schiffe, die wiederum günstigere Frachtraten erlaubten. Ohne die Vorteile des Containerumschlags hätten sich diese Schiffe nicht gerechnet, da sie bei konventionellem Umschlag zu hohe Kosten für Be- und Entladung, längere Liegezeiten und damit verbunden weitere Extrakosten verursacht hätten. Somit führte die Containerisierung zu immensen Investitionen sowohl in neue Schiffe als auch in Hafenanlagen. *(vgl. Vahrenkamp 2007, S.322ff.; Schieck 2008, S.125; Frindik 2008, S.741)*

Inzwischen werden die Container sowohl in der See- und Binnenschifffahrt als auch im Straßen- und Schienengüterverkehr befördert, unter Einschränkungen kann auch die Luftfahrt hinzugefügt werden.

2005 existierten weltweit bereits 19 Mio. Container (in TEU, s.u.), 2008 waren es Schätzungen zufolge 24 Mio. und bis 2012 wird ihre Zahl auf 40 Mio. steigen. *(vgl. Schönknecht 2009, S.16)*

1961 wurde der Container erstmals per ISO-Norm standardisiert. Heute entspricht die Mehrzahl der international eingesetzten Container den ISO-Normen. *(vgl. Schieck 2008, S.125; Strauch 2010, 1.1)*

Laut DIN ISO 668 ist ein Container ein Transportbehälter, der

- „von dauerhafter Beschaffenheit und daher genügend widerstandsfähig für den wiederholten Gebrauch ist,
- besonders dafür gebaut ist, den Transport von Gütern mit einem oder mehreren Transportmitteln ohne Umpacken der Ladung zu ermöglichen,
- für den mechanischen Umschlag geeignet ist,
- so gebaut ist, dass er leicht be- und entladen werden kann,
- einen Rauminhalt von mindestens $1m^3$ (35,3 cu. ft.) hat.“
  (Frindik 2008, S.737)

Da Container v.a. in der Seeschifffahrt eingesetzt werden, wo sie den Witterungsverhältnissen auf See und dem Einfluss von Salzwasser ausgesetzt sind, benötigen sie eine stabile Bauweise. Aus diesen Gründen wird weitestgehend auf dreh-, klapp- oder schwenkbare Teile verzichtet. *(vgl. Piontek 1994, S. 82f.)* Die Container setzten sich aus einem Stahlrahmen, Türen und Wänden aus Stahlblech (seltener Aluminium oder glasfaserverstärktes Sperrholz) sowie Befestigungsbeschläge an den Ecken und Staplertaschen am Boden, die jeweils dem Umschlag dienen, zusammen. Dank dieser Bauweise können bis zu neun Container übereinander gestapelt werden.[7] *(vgl. Schieck 2008, S.123)*

Abbildung 2-2 gibt einen Überblick über die Konstruktionsweise eines ISO-Containers.

Die Außenabmessungen der Container folgen einem Modulsystem. Bei einer Breite von 8 Fuß (Schreibweise: 8‘) gibt es Längen von 10‘, 20‘, 30‘ und 40‘ (siehe **Abbildung 2-3**), wobei 20‘- und 40‘-Container am häufigsten eingesetzt werden[8], **Tabelle 2-1** enthält deren Maße. 45‘-Container stehen bereits zur Ver-

7 Nach ISO-Norm können sechs vollbeladene Container übereinander gestapelt werden. Wenn die Container nur teilbeladen sind oder über eine stabilere Bauweise verfügen, sind mehr möglich. Siehe auch Kapitel 3.1.3.1 Schifffahrtstechnik

8 Die Maßeinheit TEU – Twenty-food Equivalent Unit – bezieht sich auf einen 20‘-Container

fügung, unterliegen in Europa jedoch Restriktionen. *(vgl. Berndt 2001, S.27; Meder 2007, S.136)*

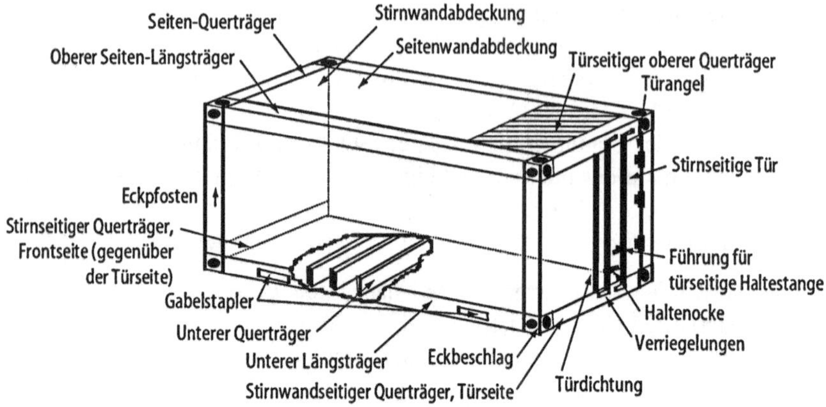

Abbildung 2-2: *Konstruktionsteile eines Containers nach ISO 1496 (Frindik 2008, S.737)*

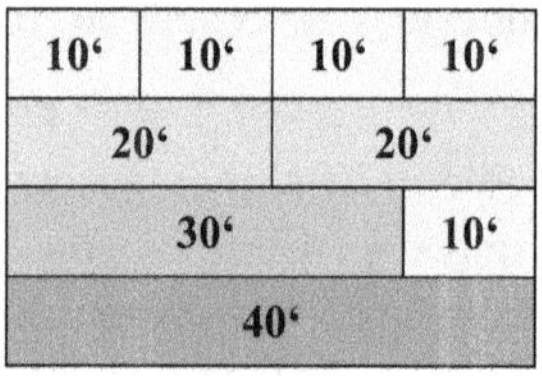

Abbildung 2-3: *Das Modulsystem der ISO-Container (Berndt 2001, S.28)*

Tabelle 2-1: *Containernormen (Meder 2007, S.137)*

Normmaße	**Länge**		**Breite**	**Höhe**	
	20'	**40'**		**20'**	**40'**
Außen: mm	6058	12192	2438	2438	2591
Außen '/"	19' 10 ½"	40'	8'	8'	8'6"
Innen: mm	5867	11998	2330	2197	2350
Innen: '/"	19'3"	39' 4 3/8"	7' 7 ¾"	7' 2 ½"	7' 8 ½"
Türmaß: mm	entfällt	entfällt	2286	2134	2261
Türmaß: '/"	entfällt	entfällt	7' 6"	7'	7' 5"

Von den ISO-Normen abweichende Container sind beispielsweise ASA-Container[9] oder Binnencontainer[10]. *(vgl. Strauch 2010, 3)*

9 ASA – Amercian Standards Assosciation

Grenzen findet die Beladung von Containern zum einen im Volumen, das sich aus den Containermaßen ergibt, aber auch im maximalen Zuladegewicht und den Maßen der Türöffnungen. Weiterhin muss die Gewichtsverteilung in den Containern beachtet werden; der Schwerpunkt sollte sich in der Mitte befinden, die möglichen Abweichungen vom Mittelpunkt sind für die einzelnen Containerarten definiert. Um die Stabilität der Container zu gewährleisten, verfügen sie über eine Bodenkonstruktion aus Stahlträgern. Je nach Containerart verlaufen sie längs oder quer (wie in **Abbildung 2-2**). Diese Konstruktionsmerkmale spielen bei der Sicherung von Transportgütern in den Containern ebenfalls eine Rolle. *(vgl. Jung-Poppe 2004, S.80ff.)*

Für verschiedene Arten von Gütern gibt es angepasste Container. Die am häufigsten verwendeten sind allseits geschlossene Frachtbehälter mit einer Tür an der Stirnöffnung, oder zum Teil auch an den Seitenwänden. Daneben gibt es unter anderem Open-Top-Container mit einem abnehmbaren Dach, Open-Side-Container ohne Seitenwände, Spezialcontainer die beispielsweise über ein Kühlaggregat verfügen oder Tank- beziehungsweise Schüttgutcontainer. *(vgl. Frindik 2008, S.738f.)*

Bei der Wahl des Containers und beim Beladen muss darauf geachtet werden, dass der Empfänger über die gleichen Möglichkeiten zum Entladen verfügt wie der Versender. Darüber hinaus sollte im Container immer noch genug Platz frei gelassen werden, dass er gelöscht und im schlimmsten Fall mit Gewalt geöffnet werden kann. *(vgl. Jung-Poppe 2004, S.80f.)* Beim Versenden von Walzen ist zu beachten, dass diese durch ihr hohes Gewicht (bzw. das Gewicht je Ladeeinheit, wenn beispielsweise mehrere Walzen zusammen in eine Kiste verpackt werden) teilweise die maximale Hublast herkömmlicher Gabelstapler überschreiten, so dass nicht jede Spedition sie aus einem normalen Container entladen kann. In diesem Fall werden Open-Top-Container benötigt, da sie den Einsatz von Kränen ermöglichen.

Eine Ausnahme stellen die Container für den Luftfrachtverkehr dar. Da sich die Laderäume der Flugzeuge nach aerodynamischen Gesichtspunkten richten müssen, sind sie in Formen und Dimensionen sehr eingeschränkt. Daher unterscheiden sich die Maße der in der Luftfracht eingesetzten Container von denen anderer Verkehrsträger und sind einseitig auf die speziellen Bedürfnisse des Verkehrsträgers ausgelegt, z.B. durch eine extrem leichte Bauweise. Mit anderen Verkehrsträgern sind sie nicht kompatibel. Einige der wichtigsten Vorteile der Containerisierung, wie die Einbindung in intermodale Ketten, kommt somit

10 Sie werden innerhalb von Europa eingesetzt und ermöglichen im Gegensatz zu ISO-Containern eine vollständige Auslastung mit Euro-Paletten.

nicht zum Tragen. *(vgl. Frye 2008, S.764f.; Schieck 2008, S.220; Frindik 2008, S.741)*

Über die Hälfte aller Container weltweit befindet sich im Besitz von Reedereien. Aber auch die Verlader können als Eigentümer der Container auftreten. Das ist v.a. bei Spezialcontainern für eine bestimmte Gutart, wie trockene oder flüssige Massengüter, der Fall. Daneben existieren Leasinggesellschaften, die Container sowohl an Frachtführer als auch an Versender vermieten. Für die Zukunft wird erwartet, dass der Anteil an Leihcontainern steigt. Eine Ursache stellt die erhebliche Kapitalbindung durch Container dar. Eine andere ist die wirtschaftliche Überwachung und Lenkung der Containerströme, die durch Unpaarigkeiten erschwert wird. Schätzungen zufolge werden jährlich mehrere Milliarden USD für die Repositionierung von Containern aufgewendet. Zwar können Leasinggesellschaften dieses Problem nicht lösen, jedoch die Auswirkungen durch Poolbildung und eine weitere geographische Verteilung besser kompensieren als ein einzelner Frachtführer. *(vgl. Strauch2010, 1.2; Schieck 2008, S.125)*

Aus logistischer Sicht gibt es verschiedene Möglichkeiten, Containerverkehre in die Modelle der Transportprozesse einzuordnen.

Zum einen können die Container an sich als Transportobjekte betrachtet werden und in diesem Zusammenhang als eine Art der Ladung definiert werden. Die Ladung ist die auf einem Fahrzeug befindliche Gütermenge. Nach Menge und Zusammensetzung der Güter wird sie in Stückgüter mit einer heterogenen Ladungsstruktur und Massengüter mit einer homogenen Ladungsstruktur unterschieden. Massengüter werden weiter unterteilt in Schüttgüter (Bulkladungen, z.B. Kohle oder Erze), Tankgüter (Flüssigkeiten oder Gase, z.B. Erdöl) und Massenstückgüter, zu denen u.a. Container zählen. *(vgl. Biebig, Laue 2000, S.510f.; Aberle 2003, S.35f.)*

Zum anderen können Container als Ladeeinheiten betrachtet werden, in denen Stückgüter und zum Teil auch Massengüter transportiert werden. In diesem Zusammenhang wird von einem mehrgliedrigen Transportprozess mit mindestens einem Umschlagvorgang ausgegangen. Wird bei dem (unmittelbaren) Umschlag die Ladeeinheit aufgelöst, handelt es sich um einen gebrochenen Verkehr im engeren Sinne. Bleibt die Ladeeinheit erhalten, d.h. der Umschlag erfolgt mittelbar, handelt es sich um einen gebrochenen Verkehr im weiteren Sinne. Die Ladeeinheiten werden weiter unterschieden in solche mit eigenem Antrieb (selbstständige Ladeeinheiten)[11] und solche ohne eigenen Antrieb (unselbstständige Ladeeinheiten). Zu den unselbstständigen Ladeeinheiten gehören die

11 z.B. im Fährverkehr oder Huckepackverkehr Straße/Schiene

Wechselaufbauten des Straßengüterverkehrs, Paletten und Container (siehe **Abbildung 2-4**). *(vgl. Aberle 2003, S.35f.; Schieck 2008, S.172f.)*

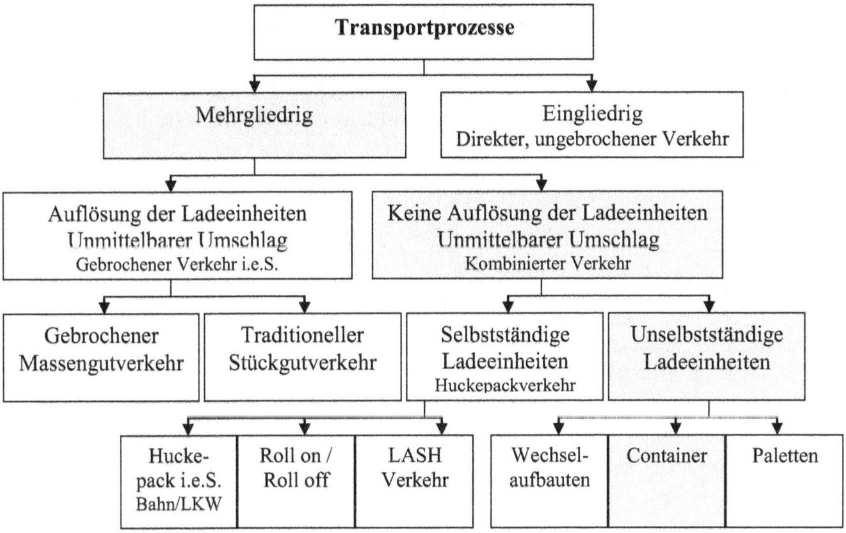

Abbildung 2-4: *Einordnung des Containers als Ladeeinheit in Transportprozesse (Schieck 2008, S.172)*

Wird der Fokus bei der Betrachtung auf den Verkehrsträgerwechsel gelegt, spricht man von Multimodalem bzw. Intermodalem Verkehr[12]. Diese Bezeichnung entstammt v.a. dem amerikanischen Sprachgebrauch. *(vgl. Bensel 2008, S.221; Biebig, Althof, Wagener 2008, S.194)*

Beim Kombinierten Verkehr wird der Fokus dagegen auf die Verwendung von Ladeeinheiten gelegt. Der Umschlag kann hierbei auch zwischen Verkehrsmitteln des gleichen Verkehrsträgers stattfinden.[13] *(vgl. Schieck 2008, S.172f.)*

12 Laut Bensel ist der Multimodale Transport der Überbegriff für Verkehre, die zwei und mehr Verkehrsträger benutzen. Intermodaler Verkehr ist die Sonderform davon, bei der die Güter im gleichen Transportbehältnis verbleiben.

13 Die Begriffe Intermodaler Verkehr und Kombinierter Verkehr werden häufig synonym verwendet. Außerdem wird der Kombinierte Verkehr oft mit dem Kombinierten Ladungsverkehr gleichgesetzt, der sich auf die Kombination Schiene/Straße bezieht. *(vgl. Biebig, Althof, Wagener 2008, S.195)*

2.4 Transportmittelauswahl für internationale Gütertransporte

Für internationale Gütertransporte werden der Straßengüter-, Schienengüter-, Rohrleitungs-, Luftfracht-, Binnenschifffahrts- und Seegüterverkehr als Verkehrsträger (einzeln oder in Kombination) eingesetzt.[14] In der nachfolgenden Übersicht werden sie nach ihrem Einsatzgebiet gegliedert dargestellt:

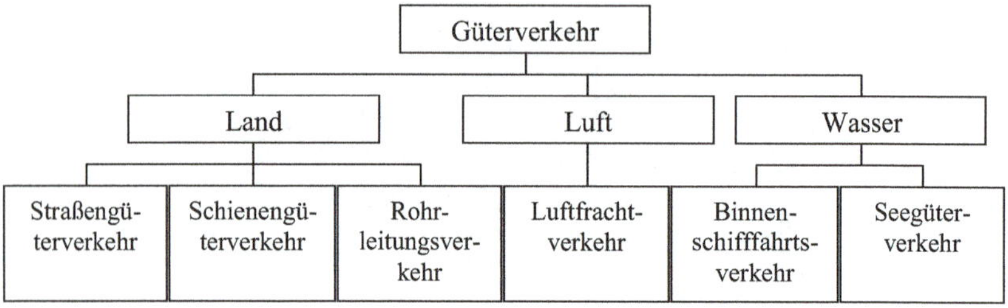

Abbildung 2-5: *Verkehrsträger der internationalen Logistik (Schieck 2008, S.167)*

Die Wahl des Transportmittels ist von verschiedenen Kriterien abhängig. Sie ergeben sich zum einen aus den Eigenschaften des Transportgutes, wie die Produktbeschaffenheit (Gewicht, Volumen, Verderblichkeit, Wert), Verpackung und Bestellmenge. Weitere Kriterien sind transportmittelspezifisch, wie die Beförderungskapazität, Kosten, Schnelligkeit, Zuverlässigkeit und Sicherheit. Außerdem gibt es Kriterien hinsichtlich der Geschäftspartner, wie die Entfernung zwischen Liefer- und Empfangspunkt, die Belieferungserfordernisse sowie die existierende Verkehrsinfrastruktur. Schließlich gibt es transportrechtliche Kriterien, darunter fallen die Haftung bei Transportschäden und die Transportversicherung. Aufgrund der vielfältigen Kriterien ist die Transportmittelauswahl situationsabhängig. *(vgl. Büter 2007, S.217)*

In den nachfolgenden Kapiteln sollen die einzelnen Verkehrsträger kurz vorgestellt werden, um zu entscheiden, inwieweit sie sich für den zu untersuchenden Transport von metallurgischen Walzen von China nach Weißrussland eigenen.

Dabei müssen zwei Besonderheiten dieses Transportbeispiels berücksichtigt werden: Zum einen muss der Verkehrsträger in der Lage sein, einen interkontinentalen d.h. sehr langen Transport durchzuführen. Desweiteren müssen die Ei-

14 Aberle zählt weiterhin den Nachrichtenverkehr zu den international einsetzbaren Verkehrsträgern, der hier aber nicht weiter berücksichtigt wird, da er sich nicht zum Transport materieller Güter eignet. *(vgl. Aberle 2003, S.18)*

genschaften des Transportgutes berücksichtigt werden. Die hier betrachteten sechzehn Walzen haben ein Einzelgewicht von 880kg netto und 900kg brutto, das ergibt ein Gesamtgewicht von 14.400kg zuzüglich des Containers, in den sie geladen werden.

2.4.1 Straßengüterverkehr

Schieck definiert den Straßengüterverkehr als Transport von Gütern auf der Straße mit Fahrzeugen, die einschließlich Anhänger mehr als 3,5t Gesamtgewicht haben. *(vgl. Schieck 2008, S.255)*

Die Vorteile von LKW kommen vor allem beim Nah- und Flächenverkehr zum Tragen, da hier durch ihre hohe Flexibilität in zeitlicher (flexible Fahrpläne, anpassungsfähige Annahme- und Anlieferungszeiten) wie räumlicher (dichtes Straßennetz) Hinsicht Zeit und Kosten gespart werden können. Da es sich bei der Straße um eine öffentliche Infrastruktureinrichtung handelt, kann sie von jedem zu jeder Zeit genutzt werden und es sind keine Abstimmungen mit Fahrplänen oder mit einem Netzbetreiber notwendig. Gelingt es, durch den Einsatz des Straßengüterverkehrs auf zusätzliche Umschlagvorgänge zu verzichten, sinkt das Transportrisiko. *(vgl. Ihme 2008, S.325; Piontek 1994, S.69; Bensel 2008, S.221)* Durch eine große Vielzahl an Fahrzeugtypen, -größen und unterschiedlichen Aufbauten können LKW für verschiedene Arten von Gütern eingesetzt werden. *(vgl. Aberle 2003, S.19)* Auch Container lassen sich mit LKW transportieren.

Im Durchschnitt haben LKW eine Kapazität von bis zu 26t und fahren mit einer Geschwindigkeit von 80km/h. *(vgl. Bensel 2008, S.221)* Nach Aberle ist der Straßengüterverkehr im Haus-Haus-Verkehr bis zu 400km Entfernung schneller als die Bahn. Bei längeren Strecken unterliegt er jedoch verschiedenen gesetzlichen Regelungen wie z.B. Ruhezeiten der Fahrer oder Fahrverbote an Sonn- und Feiertagen. *(vgl. Aberle 2003, S.537 und S.546)*

Der Straßengüterverkehr wird v.a. in den Vor- und Nachläufen internationaler Transporte eingesetzt.

Den Hauptlauf internationaler Transporte betreffend ist der Anteil des Straßengüterverkehrs jedoch eher gering. Die größte Bedeutung für grenzüberschreitende Transporte hat er in West- und Zentraleuropa, wo die Dichte und Qualität des Straßennetzes hoch sind. Gerade auf der Eurasischen Landmasse sind sie dagegen niedrig, wodurch der Straßengüterverkehr seltener zum Einsatz kommt.[15]

Gründe für die geringere Bedeutung des Straßengüterverkehrs bei internationalen Transporten liegen in den geographischen Gegebenheiten, dem Ausbau und Zustand der Straßennetze sowie politisch-administrativen Normen. *(vgl. Schieck 2008, S.256; Amann 2007, S.16)*

Für einen interkontinentalen Transport ist der Straßengüterverkehr somit ungeeignet.

2.4.2 Schienengüterverkehr

Wie beim Straßengüterverkehr handelt es sich beim Schienengüterverkehr um einen kontinentalen Oberflächenverkehr, mit dem Unterschied, dass spurgebundene Verkehrsmittel zum Einsatz kommen. Beim Schienengüterverkehr werden Triebfahrzeuge und Güterwagen auf einem spurführenden Gleisnetz eingesetzt. Daraus ergeben sich hohe Fixkosten für das Streckennetz, die eine intensive Streckennutzung erfordern, um rentabel zu sein. *(vgl. Schieck 2008, S.279; Aberle 2003, S.19f.)*

Der Schienengüterverkehr eignet sich für Transporte starker Güterströme über mittlere und weite Entfernungen sowie für fast jede Güterart: für wertvolle, großvolumige oder sperrige Güter genauso wie für Massengüter. *(vgl. Schubert 2000c, S.133; Piontek 1994, S.74)* Es können durchschnittlich bis zu 3.000t bei einer Geschwindigkeit zwischen 80 und 120 km/h befördert werden. *(vgl. Bensel 2008, S.222)*

Lange Zeit wurde der Schienengüterverkehr v.a. national eingesetzt, allerdings kommt ihm heute international eine steigende Bedeutung zu. Eine besondere Stellung nehmen dabei die Landbrückenverkehre ein, bei denen Seegüterverkehre auf einer Transportstrecke durch Landtransporte substituiert werden, um die Kosten und Transportzeiten zu reduzieren. Sie existieren beispielsweise über die eurasischen, nordamerikanischen und australischen Festlandflächen per Eisenbahn. *(vgl. Schieck 2008, S.189 und S.279f.)*

Der Schienengüterverkehr eignet sich also für den Transport von Walzen von China nach Weißrussland.

15 Allerdings befindet sich das Eurasische Straßennetz im Rahmen internationaler Projekte, im Kapitel 3.2.4 vorgestellt werden, im Ausbau. Das langfristige Ziel besteht darin, eine Autobahnverbindung von Tokyo bis Rotterdam zu bauen.

2.4.3 Rohrleitungsverkehr

Beim Rohrleitungsverkehr werden die Transportobjekte in geschlossenen Rohrleitungen (Pipelines) oder Rohrleitungssystemen in einer Richtung und unpaarig durch die Wirkung der Schwerkraft oder stationärer Maschinen transportiert. Es können nur flüssige oder gasförmige Objekte befördert werden, wie Rohöl, Mineralölprodukte oder Erdgas. Stückgut oder gar Container kommen nicht in Frage. *(vgl. Schieck 2008, S.331f.)*

2.4.4 Luftfrachtverkehr

Der Luftfrachtverkehr zeichnet sich durch eine hohe Transportgeschwindigkeit auf der einen Seite, aber gleichzeitig hohe Transportkosten auf der anderen Seite aus. Die Kapazität ist geringer als bei den anderen Verkehrsträgern und durch die Bindung an Flughäfen entsteht eine geringe Netzdichte. *(vgl. Ihme 2008, S.325; Frye 2008, S.758)*

Die Eignung beschränkt sich auf sogenannte luftfrachtaffine Güter. Ihre Merkmale sind u.a. leichte Verderblichkeit, hohe Wertdichte, kurzfristiger Bedarf oder ein hoher Kostenaufwand in Umschlag und Lagerung. Die Nachfrage nach luftfrachtaffinen Gütern ist selten, nicht vorhersagbar, saisonbedingt oder übertrifft die vorhandenen Bestände. Weiterhin können sie durch ein hohes Diebstahlrisiko, hohe Versicherungskosten oder hohen Verpackungsaufwand bei anderen Verkehrsträgern gekennzeichnet sein. Dazu gehören verderbliche Güter wie Fisch, Gemüse und Schnittblumen, Güter mit hohem Wert wie Edelmetalle oder Wertpapiere und Güter, die nur kurze Zeit verkaufsfähig sind, wie Presseprodukte.

Einige Güter werden durch den Luftfrachtverkehr über große Distanzen überhaupt erst transportfähig. Allerdings kommen auch viele Güter nicht in Frage, da die Transportfähigkeit von Flugzeugen stark durch die zulässige Nutzlast sowie die Geometrie der Ladetüren und Laderäume beschränkt wird. *(vgl. Schieck 2008, S.217ff.)*

Die Gestaltung der Ladeeinheiten im Luftfrachtverkehr richtet sich weniger nach den logistischen Anforderungen als vielmehr nach den Bedingungen des Fluggerätes. Die Laderäume sind durch die aerodynamische Gestaltung des Flugzeugrumpfes eingeschränkt. Das maximal zulässige Gewicht pro Ladeeinheit richtet sich zum einen nach dem Lademittel, zum anderen nach der weiteren Gewichtsrestriktion der Ladepositionen und den zulässigen Maximalgewichte der Laderäume. Weiterhin existieren Vorschriften hinsichtlich einer gleichmäßigen Beladung des Flugzeuges (Weight and Balance).

Mehr als 80% der Frachtstücke haben ein Gewicht unter 30kg. Betrachtet man den gesamten Welthandel, macht der Luftfrachtverkehr 1% nach Gewicht aus, jedoch etwa ein Drittel nach Wert. *(vgl. Frye 2008, S.760ff.)* Im Durchschnitt haben die für den kommerziellen Frachttransport eingesetzten Flugzeuge eine Nutzlast von maximal 125t und eine Geschwindigkeit zwischen 850 und 1.000km/h. *(vgl. Bensel 2008, S.222)*

Von Havariefällen abgesehen eignen sich Walzen durch ihr hohes, auf einen Punkt konzentriertes Gewicht nicht für den Luftfrachtverkehr.

2.4.5 Binnenschifffahrtsverkehr

Der Binnenschifffahrtsverkehr steht im engen Zusammenhang mit dem Seeschifffahrtsverkehr. Im Unterschied zu diesem beschränkt er sich auf den Transport von Objekten auf Flüssen, Kanälen, Binnenseen und dem küstennahen Raum. Da er von der Existenz natürlicher oder künstlicher Wasserstraßen abhängt, ist er nur gering netzbildungsfähig. Beispielsweise ist das Schienennetz in Deutschland sechsmal dichter als das der Wasserwege, das Fernstraßennetz sogar 36-mal dichter.

Mit der Binnenschifffahrt können zwar Container transportiert werden, jedoch wird die Transportleistung sehr stark durch die Geometrie der Brücken und Schleusen eingeschränkt, so dass die Stärken vor allem im Massengütertransport liegen. *(vgl. Piontek 1994, S.81; Schieck 2008, S.307ff.)* Im Durchschnitt können bis zu 3.000t geladen und mit einer Geschwindigkeit von maximal 20km/h gefahren werden. *(vgl. Bensel 2008, S.222)*

Da keine Verbindung von China bis nach Europa existiert, kann die Binnenschifffahrt als Verkehrsträger für den Walzentransport ausgeschlossen werden.

2.4.6 Seegüterverkehr

Nach dem Luftraum stellen die Ozeane und ihre Randmeere die größte zusammenhängende Transportinfrastruktur der Erde dar. Dieser allgemein zugängliche Verkehrsraum mit nur wenigen reglementierten Zwangswegen erklärt die hohe Netzbildungsfähigkeit des Seegüterverkehrs. Allerdings endet diese an den Küsten der Meere, da nur wenige Seeschifffahrtsstraßen bis ins Landesinnere hinein reichen. Der Seegüterverkehr ist daher für gewöhnlich ein Teilprozess eines mehrfach gebrochenen Transportes und die Effektivität des Gesamtprozesses wird vom Güterumschlag in den Häfen sowie von den Vor- und Nachläufen bestimmt. *(vgl. Schieck 2008, S.177; Schubert 2000c, S.137ff.)*

Eine weitere Eigenschaft des Seegüterverkehrs ist seine Massenleistungsfähigkeit. Sie übertrifft alle anderen Verkehrsträger, wobei auch große Einzelladegewichte befördert werden können. Dabei ist er kostengünstig und umweltfreundlich. Für unterschiedliche Güterarten existieren Spezialschiffe, Container werden von der Containerschifffahrt im Linienverkehr befördert.

Nachteilig wirken sich die geringen Transportgeschwindigkeiten aus. Sie führen ferner zu einer erheblichen Kapitalbindung auf längeren Strecken. *(vgl. Schieck 2008, S.177; Ihme 2008, S.325)* Containerschiffe können bis zu 14.000TEU bzw. 140.000t laden und fahren mit bis zu 45km/h. *(vgl. Bensel 2008, S.222)*

Der Seegüterverkehr eignet sich vor allem für den Massengutverkehr über große Entfernungen, da es hier zu Kostendegressionen kommt. Nach Gewicht beträgt sein Anteil am Welthandel 80% bis 90%, nach Wert sind es etwa 70%. Der Unterschied lässt sich damit erklären, dass 60% der transportierten Güter Massengüter mit geringer Wertdichte sind und 40% Stückgüter mit hohem Wert. *(vgl. Piontek 1994, S.81; Schieck 2008, S.177)*

Der Seegüterverkehr eignet sich für Walzentransporte von China nach Europa.

2.4.7 Fazit Verkehrsmittelwahl

Nach der Eignung der einzelnen Verkehrsträger konnten der Straßengüterverkehr, der Rohrleitungsverkehr, der Luftfrachtverkehr und die Binnenschifffahrt für den Walzentransport von China nach Europa ausgeschlossen werden.

Der Schienengüterverkehr und der Seegüterverkehr sind dagegen in der Lage, Walzen auf dieser Relation zu befördern. Daher sollen sie im folgenden Kapitel ausführlich untersucht und hinsichtlich ihrer Kosten verglichen werden.

3 Vergleich zwischen Seegüterverkehr und Schienengüterverkehr auf dem Weg von China nach Europa

Um die beiden Verkehrsträger zu vergleichen, wird eine einheitliche Gliederung angewandt.

Zunächst wird das Leistungsangebot betrachtet, d.h. welche Transportprodukte existieren und an welcher Stelle sich dabei der Containertransport einordnet.

Unter dem Punkt Organisation und Ablauf werden die Prozessschritte von Seiten der Frachtführer und der Spediteure erläutert, die notwendig sind, um einen Containertransport vorzubereiten und durchzuführen. Anschließend wird gesondert auf die daran Beteiligten, die Vor- und Nachläufe, die rechtlichen Grundlagen sowie die Containerkreisläufe eingegangen.

Der nächste Punkt soll sich mit der Technik der Verkehrsträger beschäftigen. Dazu werden die Transportmittel, die Verkehrswege sowie die zentralen Umschlagspunkte betrachtet.

Nachdem der Verkehrsträger an sich vorgestellt wurde, soll es um die Relation von Asien nach Europa gehen. Zum einen geschieht dies allgemein mit Hinblick auf die verschiedenen in Frage kommenden Strecken. Anschließend wird die konkrete Relation von Tianjin nach Zhlobin beschrieben sowie die Beobachtungen aus der Zusammenarbeit mit den Speditionen.

3.1 Seegüterverkehr

3.1.1 Leistungsangebot des Seegüterverkehrs

Die grundsätzliche Leistung des Seegüterverkehrs besteht aus Ortsveränderungen der zu transportierenden Güter (Transport und Umschlag). Dazu kommen Dienstleistungen aller Art.

Das Leistungsangebot des Seegüterverkehrs lässt sich grob in Linienschifffahrt und Tramp- bzw. Charterschifffahrt einteilen. Darunter existieren jedoch weitere Kategorien.[16] *(vgl. Biebig, Althof, Wagener 2008, S.55 und S.282)*

In der Linienschifffahrt werden Güter zwischen langfristig festgelegten Basishäfen transportiert. Für den Transport gelten im Voraus bekannt gegebene Fahrpläne (Segellisten) sowie festgelegte Beförderungskonditionen und Tarife. Der Schiffseinsatz erfolgt unabhängig von der tatsächlichen Auslastung, als

16 Im **Anhang 3-1** befindet sich eine Tabelle mit einem Vergleich dieser.

Kompensation dafür dient der Frachtpreis. Durch Unpaarigkeiten in den Transportströmen kann er sich außerdem je nach Richtung unterscheiden.

Zur Linienschifffahrt gehören der Fährverkehr, die konventionelle Linienfahrt und die Containerfahrt.

Im Fährverkehr werden v.a. Schienen- und Straßenfahrzeuge auf kurzen Strecken über Gewässer transportiert, die eine Unterbrechung des Landtransportes darstellen.

In der konventionellen Linienfahrt werden hauptsächlich Stückgüter und eine Vielzahl von Einzelsendungen befördert.

Im Gegensatz dazu werden bei der Containerfahrt ausschließlich Container befördert – mit der Besonderheit, dass eine Trennung zwischen dem Container- und dem Schiffsumlauf stattfindet. Die Begründung liegt darin, dass der Seetransport oft nur einen Teil einer multimodalen Leistung darstellt. Beim konventionellen Linienverkehr liegt der Fokus des Angebotes auf der Ortsveränderung über See. In der Containerfahrt kommen dazu noch die Landtransporte. Während der Abschnitt auf See die Merkmale des Linienverkehrs aufweist, handelt es sich bei den anderen Transportabschnitten eher um Bedarfsverkehre.

In **Abbildung 3-1** werden verschiedene Varianten der Durchführung von Containertransporten schematisch dargestellt. *(vgl. Biebig, Althof, Wagener 2008, S.55, S.167, S.205 und S.283; Schieck 2008, S.208 und S.213)*

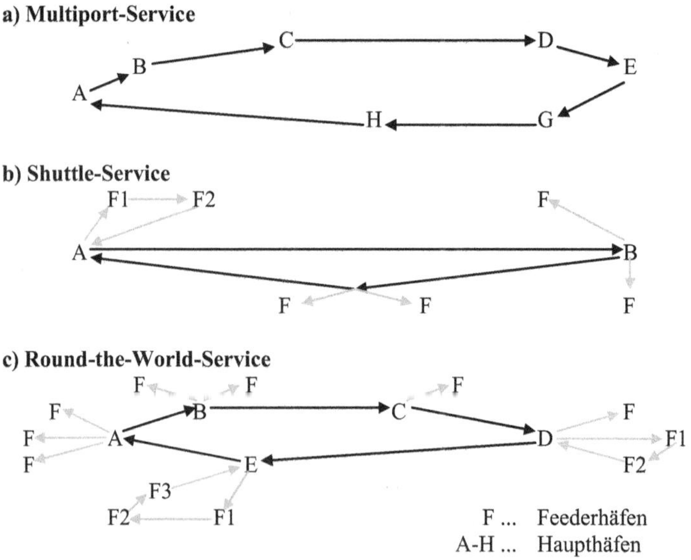

Abbildung 3-1: *Transportdurchführungsvarianten für Containerliniendienste (Biebig, Althof, Wagener 2008, S.300)*

Die Charterschifffahrt unterteilt sich in die Trampschifffahrt und Spezialschifffahrt. In der Trampschifffahrt werden ganze Schiffsladungen oder Teilladungen nach den Vereinbarungen zwischen Charterer und Vercharterer transportiert. Im engeren Sinne existiert keine Bindung an Fahrpläne oder Routen.

In der Spezialschifffahrt existiert dagegen eine engere Bindung zu einem oder wenigen Verladern. *(vgl. Biebig, Althof, Wagener 2008, S.55)*

Sonderformen stellen die sogenannten Rund-um-die-Welt-Dienste und Sea-Air-Verkehre dar.

Bei ersterem werden mehrere Transportrelationen zu einer die Erde umspannenden Route zusammen gefügt.

Bei Sea-Air-Verkehren wird versucht, die Vorteile beider Transportvarianten zu kombinieren, d.h. den kostengünstigen Seegütertransport mit dem schnellen Luftfrachttransport. Dabei tritt jedoch das Problem auf, dass die in der Schifffahrt verwendeten Container nicht in Flugzeuge geladen werden können, so dass eine Umladung der Güter notwendig wird. *(vgl. Schieck 2008, S.188ff.)*

3.1.2 Organisation und Ablauf

3.1.2.1 Übersicht

Unternehmen des Seegüterverkehrs orientieren sich seit jeher international, daher sind ihre Organisationsstrukturen auf internationale Prozesse ausgerichtet.

Im Grunde gelten für sie die gleichen Organisationssysteme wie in anderen Bereichen der Wirtschaft. Besonders prägend wirkt sich der Dienstleistungscharakter der Transportleistungen aus. Er führt zu Schwankungen in der Kapazitätsauslastung. Flexibilität, Dynamik und Anpassungsfähigkeit spielen daher im Seegüterverkehr eine wichtige Rolle. Beispielsweise sind multifunktional einsetzbare Personalkapazitäten[17] eine Voraussetzung. Im zunehmenden Maße gewinnen Projektorganisation sowie dynamische Organisationsstrukturen mit selbstständigen Einheiten an Bedeutung. *(vgl. Biebig, Althof, Wagener 2008, S.262f.)*

Die Produktionseinheit der Reedereien ist das Schiff. Auf dem Schiff existieren die Bereiche Nautik und Maschinenbereich sowie Sicherheit. *(vgl. ebenda, S.262)*

Die Produktionsfaktoren des Seegüterverkehrs sind Betriebsmittel, Werkstoffe und Personal. Sie werden durch die Bereiche Anlagenwirtschaft, Logistik- und Personalwesen sowie Befrachtung / Buchungsorganisation abgesichert.

17 Mehrfachqualifikation, organisatorische Bündelung, flexible Arbeitszeitmodelle, etc.

Die Anlagenwirtschaft befasst sich mit der Beschaffung, Bereitstellung, Verwaltung und Pflege langjährig nutzbarer Wirtschaftsgüter. Das betrifft:

- Schiffskapazitäten: Kauf, Schiffsmiete[18], Schiffsleasing[19], Charterung[20]
- Container: eigene oder geleaste[21]
- TUL-Hilfsmittel (z.B. Krane, Flurfördergeräte oder Lagereinrichtungen): umfangreiche Investitionen oder Leasing
- Hard- und Software.

Zu den Werkstoffen zählen Brenn- und Treibstoffe, Ausrüstungsmaterialien, Ersatzteile und Proviant. Die Versorgung erfolgt weltweit in den Häfen. Zu beachten ist, dass die Werkstoffe einer Dimensionierung unterliegen, da sie die Tragfähigkeit der Schiffe schmälern.

An das Personal auf den Schiffen werden hohe Anforderungen hinsichtlich der Qualifikation gestellt. Durch die großen Entfernungen, die mit Schiffen überwunden werden, und der langen Reisedauer ist das Personal an Bord quasi auf sich alleine gestellt. Im Störungsfall hat die Schiffsführung hohe Entscheidungskompetenzen. Außerdem fallen an Bord viele Überstunden an. Dieser Fakt sowie die nationalen Bemannungsvorschriften und hohen Qualifikationen führen zu hohen Personalkosten. Sie können bis zu 50% der Schiffsbetriebskosten betragen. Durch Ausflaggen[22] versuchen Reedereien, diese Kosten zu senken, da sie so Lohnkosten sparen können und geringere Sozialanforderungen erfüllen müssen. Ähnlich den Zeitarbeitsfirmen haben sich Crew-Management-Unternehmen gebildet, die sich mit den arbeitsrechtlichen Bedingungen ausländischer Seeleute auskennen.

Die moderne Schiffstechnik führt zu einer Einsparung an Personal. Auf den großen Frachtschiffen werden beispielsweise nur noch 20 bis 25 Besatzungsmitglieder benötigt.

---

18 Der Reeder übernimmt ein leeres Schiff von einem Vercharterer und gibt es nach Ende des Mietvertrages im gleichen Zustand wieder zurück.

19 Ein Leasinggeber (Bank, Werft oder Leasinggesellschaft) überlässt einem Reeder ein leeres Schiff zum zeitweiligen Gebrauch (kurz- oder langfristig), nach Ablauf des vereinbarten Zeitraums kann er ihm das Eigentum an dem Schiff überlassen. Der Reeder ist Quasi-Eigentümer, muss aber nicht die hohe Summe für den Kauf aufbringen.

20 ganzes Schiff oder einzelne Räume für den Zeitraum einer einzelnen Fahrt bis langfristig

21 Pro Schiff werden etwa doppelt so viele Container benötigt, wie Stellplätze vorhanden sind. *(vgl. Biebig, Althof, Wagener 2009, S.11)*

22 siehe Kapitel 3.1.2.4 Rechtliche Grundlagen internationaler Schifffahrtsverkehre

Kommunikationssysteme haben durch die Entfernung zwischen den Schiffen und der Zentrale eine besondere Bedeutung. Durch ihre stetige Weiterentwicklung verbessern sich die Führungsmöglichkeiten von der Landzentrale aus.

In den Häfen reduzieren die modernen Umschlaganlagen ebenfalls den Personalbedarf. Dafür ergeben sich durch die Ausweitungen der Hafenleistungen im logistischen Bereich neue Arbeitsplätze. *(vgl. Biebig, Althof, Wagener 2008, S.284ff.)*

Die einzelnen Schiffsfahrten lassen sich in Marktleistungen und Betriebsleistungen unterscheiden. Marktleistungen sind Transportleistungen mit Erlösen, weiterhin Umschlagleistungen und sonstige Dienstleistungen. Zu den Betriebsleistungen zählen u.a. Leertransporte oder die Bereitstellung von Schiffen, wodurch keine Erlöse jedoch Kosten entstehen. *(vgl. ebenda 2008, S.283)*

Die nachfolgende **Tabelle 3-1** zeigt einen Befrachtungsvorgang bei einer FOB-Anlieferung im Hafen mit Hilfe einer Prozessdarstellung (d.h. Vorbereitung und Abschluss des Frachtvertrages). Neben dem Reeder, Absender und Empfänger sind an dem Prozess noch die Speditionen im Vor- und Hauptlauf sowie ein Linienagent beteiligt. Der Linienagent tritt im Namen des Reeders auf und fungiert als Vermittler für den Abschluss eines Seefrachtvertrages zwischen dem Ablader und dem Verfrachter. *(vgl. Biebig, Althof, Wagener 2008, S.180f.; Büter 2007, S.221f.)* Der Ablader ist in diesem Fall die Spedition im Hauptlauf, der Verfrachter ist der Reeder. Die Buchung erfolgt schließlich zwischen dem Linienagenten und der Spedition des Empfängers, der Seefrachtvertrag wird zwischen dem Reeder und dem Empfänger abgeschlossen. Für die FOB-Bereitstellung der Güter im Hafen ist die vom Absender beauftragte Spedition zuständig.

3.1.2.2 Beteiligte

Als Anbieter von Seegütertransporten treten Reedereien (oder Zusammenschlüsse aus Reedereien), Makler als deren Vermittler oder Beförderer ohne eigene Transportmittel[23] auf. Der Transportraum kann durch die Reedereien selbst oder durch Schiffsbesitzgesellschaften zur Verfügung gestellt werden. *(vgl. Biebig, Althof, Wagener 2008, S.122 und S.172)*

Durch den hohen Kapitalwert der Containerschiffe sowie der Container hat der Seegüterverkehr einen entsprechend hohen Bedarf an Fremdkapital. Das Kapital stammt meist aus mehreren Finanzquellen. Die Finanzierung von Schiffen ist mit hohen Risiken behaftet. Die Gründe dafür liegen in der langen Lebensdauer der Schiffe bei einer schnellen Entwicklung des Schiffbaus sowie einem hohen Marktrisiko, da die Schifffahrt sehr stark von den Konjunkturzyklen

23 NVOCC – Non-vessel-operating-common-carrier

der globalen Wirtschaft abhängt. Es entsteht eine hohe Abhängigkeit der Reedereien von Banken. *(vgl. Biebig, Althof, Wagener 2008, S.27ff.)*

Nachfrager nach Seegütertransporten sind die Versender selbst sowie Transportbetriebe (z.B. andere Reedereien oder Straßengütertransportunternehmen), Speditionen als Vermittler oder Logistikdienstleister ohne eigene Transportmittel. *(vgl. ebenda, S.122)*

Tabelle 3-1: *Der Befrachtungsvorgang (bei FOB-Anlieferung) (in Anlehnung an Biebig, Althof, Wagener 2008, S.180f.)*

Phase	Vorgang	Absender	Spedition im Vorlauf	Empfänger	Spedition im Hauptlauf	Linienagent	Reeder/ Verfrachter
Informationsphase	Zuteilungen pro Ladehafen (Allotments)					○←	●
Vertragsabschluss	Versandauftrag	● →	○				
	Buchungsauftrag			● →	○		
	Buchung				● ↔	●	
	Meldung über Allotmentauslastung					● →	○
Bereitstellung der Güter	Abruf der Ware	○←	●				
	Einlagerungsmeldung	○←	●				
	FOB-Transport		● →				○
Verschiffung der Güter	Steuermannsquittung		○←			●←	●
	Seefrachtvertrag			● ↔			●
	Konnossement			○←	●←		●
	Seetransport			○←			●
Bezahlung	FOB-Provision	● →	○				
	Verschiffungsprovision			● →	○		
	Buchungskommission				○←		●

● Verantwortlicher ○ Empfänger

Der Containertransport von Haus zu Haus wird auch von Multimodal Transport Operators (MTO) angeboten. Sie treten gleichermaßen als Anbieter, Nachfrager und Produzenten von Transportleistungen auf und schließen Transportverträge im eigenen Namen ab (nicht als Vertreter des Absenders oder in dessen Namen). Gegenüber dem Absender übernehmen sie die Haftung für den gesamten Transport und stellen ein durchgängiges Transportdokument aus.[24] *(vgl. ebenda, S.193ff.)*

Weitere Akteure im Seegüterverkehr sind die Linienschifffahrtskonferenzen. Dabei handelt es sich um Zusammenschlüsse von Reedereien, die Liniendienste für den Transport von Gütern auf einer bestimmten Route zur Verfügung stellen. Ihre Mitglieder bieten die Transporte nach Abmachungen zu den gleichen Frachtraten und unter den gleichen Bedingungen an. Ihre Ziele sind, die Tarifraten stabil zu halten sowie die Preiskonkurrenz und die Konkurrenz durch sogenannte Außenseiter (keine Mitglieder einer Konferenz) auszuschalten. Bei solch einer Konferenz handelt es sich also de facto um eine Art Kartell. Bisher galten für sie Ausnahmereglungen, die allerdings in den USA und in der EU 2008 abgeschafft wurden. Dadurch gibt es nur noch in bestimmten Gebieten Konferenzen und ihre Bedeutung nimmt ab.[25] Beispielsweise stellte die Far Eastern Freight Conference (FEFC), die für die Relation Nordeuropa/Mittelmeer nach Asien zuständig war, ihre Arbeit im Oktober 2008 ein. Auch die Containerisierung und der damit verbundene Strukturwandel im Weltseeverkehr tragen dazu bei, indem sie andere Formen der Konzentration und Kooperation begünstigen. *(vgl. Biebig, Althof, Wagener 2008, S.172ff. und S.176; Wong 2009, S.1)*

Aber auch unabhängig von den Linienschifffahrtskonferenzen sorgt die Tendenz zu Konzentration für oligopolistische Marktstrukturen. Sie drückt sich in Fusionen einzelner Reedereien zu Großreedereien aus. 2007 verfügten beispielsweise die führenden fünf Reedereien über 43% der weltweiten Containerstellplatzkapazität, speziell im Fahrtgebiet Fernost entfielen 55% auf die fünf größten Einzelreedereien.

Daneben gibt es verschiedene Formen von Zusammenschlüssen von Reedereien, die gegenuber den Linienkonferenzen an Bedeutung gewinnen. Pools sind Vereinbarungen über die zentrale Verrechnung der Ladung oder der Erlöse. Agreements sind zeitweilige Absprachen über Raten, Fahrpläne oder Kapazitäten. In Konsortien legen Reedereien ihre operativen und kommerziellen Tätigkeiten in einem bestimmten Fahrtgebiet und zeitlich befristet zusammen, indem mit allen Schiffen der Partner ein Liniendienst gebildet wird. *(vgl. Biebig, Althof, Wagener 2008, S.167, S.172 und S.176ff.; Schieck 2008, S.209)*

---

24 Im **Anhang 3-2** befindet sich eine Übersicht, wer alles als MTO auftreten kann

25 2005 gab es noch rund 150 Linienkonferenzen.

Für die Betreiber der Häfen gibt es verschiedene Organisationsformen, beispielsweise den Eigenbetrieb durch die öffentliche Hand, als autonome Häfen, Gewerbegebietshäfen wie den Hamburger Hafen oder private Häfen. *(vgl. Biebig, Althof, Wagener 2009, S.231)*

3.1.2.3 Vor- und Nachlauf

Von der Containerschifffahrt werden nur die großen Häfen erreicht. Von dort müssen die Transportgüter durch andere Verkehrsträger in der Fläche verteilt werden. Die Leistungsfähigkeit der vor- und nachlaufenden Verkehre beeinflusst daher unmittelbar die Leistungsfähigkeit des Seegüterverkehrs.

Welche Verkehrsträger in Frage kommen, richtet sich nach den örtlichen Gegebenheiten und dem Modal Split der jeweiligen Länder. In Europa sind das v.a. der Straßengüterverkehr, der Schienengüterverkehr und der Kombinierte Verkehr Straße/Schiene, aber auch die Binnenschifffahrt ist möglich. Der Hinterlandverkehr des Hamburger Hafens setzt sich z.B. wie folgt zusammen: 49% Straßengüterverkehr, 27% Kurzstreckenseeverkehr (s.u.), 22% Schienengüterverkehr und 2% Binnenschifffahrtsverkehr. *(vgl. Schieck 2008, S.183f.)*

Eine Besonderheit stellen Kurzstreckenseeverkehre dar (Short Sea Shipping). Dabei handelt es sich um Seegüterverkehre über kurze Entfernungen. Sie kommen v.a. in den küstennahen Gewässern Europas, sowie den Randmeeren Südostasiens und Westindiens zum Einsatz.

Eine Ausprägung der Kurzstreckenverkehre sind die auf Container spezialisierten Feederdienste. Durch diese Zubringer- und Verteilerverkehre können sich die großen Containerschiffe auf einige wenige Häfen konzentrieren, so dass ein Hub-and-Spoke-System ähnlich dem Luftverkehr aufgebaut wird. Allerdings gibt der Begriff Feeder-Schiff keinen Aufschluss über dessen Größe oder das Vorhandensein von Umschlagausrüstungen. *(vgl. Schieck 2008, S.183; Strauch 2010, 1.3.1)*

Im Hinblick auf die wachsenden Schiffsgrößen könnte sich das stagnierende Größenwachstum der Hinterlandverkehrsträger LKW, Bahn und Binnenschiff in Zukunft als problematisch erweisen. Die Ursachen liegen in gesetzliche Vorschriften, die ihre Längen und Gewichte begrenzen sowie in der Verkehrsinfrastruktur. Um mit dem Größenwachstum der Containerschiffe Schritt zu halten, können sie nur in ihrer Anzahl zunehmen. Schönknecht gibt die derzeitigen Dimensionen dieser Verkehrsträger wie folgt an: ein LKW kann maximal zwei Container transportieren, ein Zug maximal 100 Container und ein Binnenschiff je nach Typ zwischen 100 und 300 Container. *(vgl. Schönknecht 2009, S.4f.)*

Daraus resultiert die Notwendigkeit, mehrere Verkehrsarten zu integrieren. Für jeden einzelnen Verkehrsträger existiert eine kritische Sendungsgröße, die zunächst erreicht werden muss. Der Straßengüterverkehr unterscheidet sich in diesem Punkt von den anderen Verkehrsträgern insofern, dass er einzelne Container transportieren kann. Dagegen müssen für die Bahn, Binnen- und Feederschifffahrt genügend Container zusammen kommen, um sie wirtschaftlich zu betreiben, so dass sie zusätzliche Sammel- und Verteilprozesse benötigen. Diese Problematik wird durch den Fakt verstärkt, dass die Vielfalt der Ziele der Container zunimmt. Das betrifft zum einen den Vorlauf, denn Bahn, Binnen- und Feederschiff transportieren eine große Zahl an Containern zu einem Hafen, jedoch sind die Container für verschiedene Abfahrten bestimmt, so dass sie zunächst sortiert werden müssen. Zum anderen fallen pro Schiffsanlauf nicht genügend Container zu einem Ziel an, um damit eine Bahn, ein Binnen- oder ein Feederschiff auszulasten. Als Lösung schlägt Schönknecht vor, entweder die Container im Hafen zu sammeln, bis die Menge einer Zielrichtung für den Nachlauf ausreicht, oder mit den Verkehrsträgern des Nachlaufes die Container mehrerer Terminals zu sammeln. Jedoch bewertet er beide Varianten als eher unwirtschaftlich, da sie die Infrastruktur in und um den Häfen belasten und die Durchlaufzeit der Container erhöhen. *(vgl. Schönknecht 2009, S.113ff.; Bensel 2008, S.223)*

3.1.2.4 Rechtliche Grundlagen internationaler Schifffahrtsverkehre

Als Grundsatz gilt in der internationalen Schifffahrt das Prinzip der Freiheit der Meere nach Grotius von 1609. Demnach sind die Meere herrschaftsfrei.

Davon ausgeschlossen ist der Küstenstreifen. Nach dem Seerechtübereinkommen der Vereinten Nationen von 1982 besteht er aus genau definierten Zonen, für die unterschiedliche Regeln gelten.

Das Küstenmeer reicht bis zu 12 Seemeilen bzw. 22km von der Basislinie[26]. Hier hat der angrenzende Staat volle Hoheitsgewalt (Territorialgewässer).

Daran schließt sich bis zu einer Entfernung von 24 Seemeilen von der Basislinie die sogenannte Anschlusszone. Hier besitzt der Anrainerstaat nicht die volle Hoheitsgewalt, aber bestimmte Kontroll- und Eingriffsbefugnisse.

Bis zu einer Entfernung von 200 Seemeilen von der Basislinie geht die sogenannte ausschließliche Wirtschaftszone, in der der Küstenstaat bestimmte wirtschaftliche Rechte genießt.

Nach der ausschließlichen Wirtschaftszone beginnt die Hohe See. Ab dort gilt die Freiheit der Meere. Das bedeutet, dass alle Schiffe auf den Weltmeeren frei verkehren, Handel treiben und fischen dürfen. *(vgl. Schiedmair 2009)*

26 Für die Definition der Basislinie existieren detaillierte Regeln, die auch innere Gewässer, Flussmündungen, Buchten und Häfen berücksichtigen.

Die Schiffe selbst sind nicht hoheitsfrei, sondern unterliegen der Hoheitsgewalt des Staates, unter dessen Flagge sie fahren. Für die Besatzungsmitglieder gilt sowohl die Flaggenhoheit des Schiffes als auch die Personalhoheit ihres Heimatstaates.

In den Territorialgewässern haben die Hoheitsrechte des Küstenstaates Vorrang gegenüber der Flaggenhoheit der Schiffe, diese genießen allerdings das Recht der friedlichen Durchfahrt. *(vgl. ebenda)*

Um Kosten zu sparen, werden viele Schiffe „ausgeflaggt", das heißt, sie werden in den offenen Registern sogenannter Billigflaggenländer (FOC – Flags of Convenience) registriert und fahren unter deren Flagge. Die Reeder profitieren von den besonders günstigen Steuersätzen, geringen Sicherheitsauflagen, niedrigen Lohnkosten sowie den lockeren Sozial- und Arbeitsgesetzen.[27] Etwa 43% der Welthandelstonnage fahren aus diesem Grund unter den Flaggen Panamas, Liberias, Bahamas, Maltas und Zyperns. Die größte Tonnage unter Billigflaggen haben die USA, Griechenland, Hongkong und die westeuropäischen Länder. *(vgl. Schieck 2008, S.181; Biebig, Althof, Wagener 2008, S.51)*

Eine Maßnahme der Staaten gegen das Ausflaggen ist u.a. das Einrichten internationaler Zweitregister, durch welche die Reeder Betriebskosten sparen können. Sie wurden z.B. von Großbritannien, Deutschland und Spanien eingerichtet. Daneben existieren eine UNO-Konvention über die Registrierung von Schiffen von 1986, die in Kraft tritt, wenn sie von mindestens 40 Ländern, die zusammen ein Viertel der Welttonnage repräsentieren, ratifiziert wurden, sowie ein Seearbeitsrechtsabkommen von 2006, das in Kraft tritt, wenn es von 30 Ländern, die zusammen ein Drittel der Welttonnage repräsentieren, ratifiziert wurde. *(vgl. Biebig, Althof, Wagener 2008, S.51f.; Schiedmair 2009)*

Für den Seegüterverkehr existiert eine Vielzahl von internationalen Vereinbarungen mit völkerrechtlichem Status. Davon sollen hier die wichtigsten vorgestellt werden. Im **Anhang 3-3** befindet sich eine Liste mit weiteren Abkommen.

Die Haager Regeln von 1922 befassen sich mit der Haftung des Reeders im Bezug auf Gründe, Höhe, Beschränkungen und Haftungsfreistellungen. Sie stellen einen Kompromiss zwischen Reedern, Verladern und Ladungsversicherern dar. Ergänzt wurden sie durch die Visby Rules (Haager-Visby-Rules) 1968.

Durch die Hamburg Rules von 1978 wird das Verantwortungsfeld der Reeder erweitert und die Haftungshöhe herauf gesetzt. *(vgl. Meder 2007, S.137; Biebig, Althof, Wagener 2008, S.20ff.)*

---

27 Laut Biebig, Wagener und Althof kosten die Besatzungen aus Niedriglohnländern weniger als 10% im Vergleich zu Besatzungen aus Hochlohnländern. *(vgl. Biebig, Althof, Wagener 2009, S.57)*

Das Transportdokument des internationalen Seegüterverkehrs ist das Konnossement (B/L – Bill of Lading). Es gilt als Beweis für den Abschluss eines Frachtvertrages und Quittung für die Frachtübernahme. Außerdem ist es ein Traditionspapier, d.h. es repräsentiert das Eigentum an der Ware, und weiterhin ein Wertpapier, d.h. dass die Güter nur an den Inhaber dieses Dokumentes ausgeliefert werden. Aus Rationalisierungsgründen wird das Konnossement zunehmend durch Seefrachtbriefe ersetzt. *(vgl. Biebig, Althof, Wagener 2009, S.182)*

3.1.2.5 Containerkreislauf

Das Eigentum an den Containern liegt häufig bei den Reedereien, alternativ auch bei großen Speditionsbetrieben oder den Versendern. Weiterhin gibt es Container-Leasing-Gesellschaften. *(vgl. Meder 2007, S.129)*

Für den Containertransport gibt es verschiedene Varianten.

Zum einen wird unterschieden, von wo bis wo der Containertransport geht. Hierfür existieren die Varianten Port-Port (P/P), d.h. von Seehafen zu Seehafen, oder Haus-Haus (H/H), also vom Versender zum Empfänger sowie die Kombinationen daraus P/H oder H/P.

Das zweite Unterscheidungskriterium richtet sich danach, ob der Container vom Versender voll ausgelastet wird (FCL – Full Container Load) oder ob sich mehrere Versender einen Container teilen (LCL – Less Container Load).

Der dritte Punkt betrifft die Organisation des Vor- und Nachlaufes. Bei Carrier‘s Haulage übernimmt sie der Reeder[28], bei Merchand‘s Haulage der Versender oder eine Spedition.

Diese drei Kriterien sind beliebig miteinander kombinierbar.[29] *(vgl. Biebig, Althof, Wagener 2008, S.11)*

Die Lagerung der Container erfolgt in Containerdepots (Container Yard - CY). Sie befinden sich in der Nähe von Wirtschaftszentren und Häfen. Wird ein Container benötigt, wird im nächstgelegenen Containerdepot nach dem entsprechenden Containertyp gefragt.

Der Container wird entweder zum Verlader gebracht und dort beladen oder dies geschieht in einer Container Freight Station (CFS). In entsprechender Weise funktioniert die Entladung am Empfangsort. Container Freight Stations können sich sowohl im Hafen als auch im Binnenland befinden.

---

28 Laut Schieck sind 80% Carrier's Haulage. (vgl. Schieck 2008, S.185)

29 In der Literatur wird häufig FCL mit Haus-Transport gleichgesetzt und LCL mit Port-Transport. Demnach existieren die vier Varianten FCL/FCL, FCL/LCL, LCL/FCL und LCL/LCL.

Der Vorlauf des Containers zum Beladeort heißt Positioning oder Deadheading, die Beladung Stuffing. Stripping bezeichnet die Entladung des Containers.

Tabelle 3-2: *Containertransportvarianten (vgl. Schieck 2008, S.185)*

<table>
<tr><td>Orte</td><td>Absendeort</td><td colspan="2">Logistischer Knoten, Container Freight Station, Container Yard</td><td colspan="2">Logistischer Knoten, Container Freight Station, Container Yard</td><td>Empfangsort</td></tr>
<tr><td>Länder</td><td colspan="3">Exportland</td><td colspan="3">Importland</td></tr>
<tr><td>Transportphase</td><td colspan="2">Vorlauf</td><td colspan="2">Hauptlauf</td><td colspan="2">Nachlauf</td></tr>
<tr><td>Haus-Haus</td><td colspan="2">B ┅┅┅┅┅┅┅┅</td><td colspan="2">┅───────────</td><td colspan="2">┅┅┅┅┅┅┅┅ E</td></tr>
<tr><td>Haus-Port</td><td colspan="2">B ┅┅┅┅┅┅┅┅</td><td colspan="2">┅──────── E</td><td colspan="2"></td></tr>
<tr><td>Port-Haus</td><td colspan="2">B</td><td colspan="2">───────────</td><td colspan="2">┅┅┅┅┅┅┅┅ E</td></tr>
<tr><td>Port-Port</td><td colspan="2">B</td><td colspan="2">──────── E</td><td colspan="2"></td></tr>
<tr><td colspan="7">B = Beladung (Stuffing) E= Entladung (Stripping) des Containers
┅┅┅ Entscheidung bzgl. Carrier's oder Merchand's Haulage erforderlich</td></tr>
</table>

Beim Vor- und Nachlauf wird zwischen dem Leerlauf, also dem Transport des leeren Containers, und dem Lastlauf, dem Transport des beladenen Containers, unterschieden.

Der Rücklauf des leeren Containers geschieht nach den Maßgaben des Eigentümers.

Nach dem Rücktransport zum Depot wird der Zustand des Containers inspiziert. Gegebenenfalls muss er gewartet werden. *(vgl. Meder 2007, S.129ff.; Schieck 2008, S.186; Biebig, Althof, Wagener 2008, S.302)*

3.1.3 Transportmittel und Infrastruktur

3.1.3.1 Schiffstechnik

Schiffe sind nach dem Verdrängungsprinzip ausgelegte Wasserfahrzeuge. Ihr Baumaterial ist Stahl. Sie bestehen aus einem Rumpf als Schwimmkörper, Nutzbereichen wie Laderäumen oder Ladetanks, einer Antriebs- und Vortriebsanlage und den Einrichtungen zur Steuerung. Vertikal werden Schiffe in Decks und horizontal in Schotten unterteilt.

Gefahren werden die Schiffe von möglichst hoch gelegenen Kommandobrücken aus, die sich zusammen mit dem Maschinenraum für gewöhnlich am Heck befinden. Als Antrieb dienen meistens verbrauchsgünstige Dieselmotoren, die die Vortriebskraft über Propeller an das Wasser weitergeben. Daneben gibt es dampf- und gasturbienenbetriebene Schiffe. Zum Steuern und Manövrieren stehen ihnen Ruderanlagen zur Verfügung, zum Festmachen in den Häfen Anker- und diverse Vertäuungsanlagen. Daneben verfügen Schiffe über Sicherheitseinrichtungen und -ausrüstungen. *(vgl. Biebig, Laue 2000, S.512f.; Schieck 2008, S.200)*

Schiffe (neu erbaute, umgebaute oder reparierte) werden regelmäßig durch Behörden klassifiziert und müssen bestimmte Anforderungen erfüllen. Zu den verschiedenen Kriterien zählt die Schwimmfähigkeit, d.h. dass auch im voll beladenen Zustand ein bestimmter Teil der Bordwände aus dem Wasser herausragen muss. Daraus ergeben sich vorgeschriebene Eintauchtiefen, die sich nach Einsatzgebiet und Schiffstyp unterscheiden. Das Stabilitätsverhalten beschreibt die Fähigkeit von Schiffen, von selbst wieder die aufrechte Schwimmlage einzunehmen, wenn sie sich durch äußere Kräfte wie Wind, Seegang oder durch das Ziehen von Schleppfahrzeugen seitlich neigen. Weitere Anforderungen betreffen die Schiffsfestigkeit und die Funktionssicherheit aller an Bord befindlichen Anlagen.

Weltweit gibt es gibt es mehr als vierzig Klassifizierungsgesellschaften, in Deutschland übernimmt diese Aufgabe der Germanische Lloyd. *(vgl. Biebig, Laue 2000, S.513f.; Biebig, Althof, Wagener 2008, S.14)*

Schiffe lassen sich nach verschiedenen Gesichtspunkten einteilen, z.B. nach dem Antrieb, dem Fahrtgebiet, der angewandten Umschlagsmethode, der Aufgabenstellung, der Tonnage bzw. der Vermessung oder der Anordnung der Decks bzw. der Aufbauten. Teilweise fließen diese Einteilungskriterien in den Schiffsnamen ein.[30] *(vgl. Strauch 2010, 1.3.1)*

Eine Vielzahl von Schiffstypen ist in der Lage, Container zu transportieren. Nachfolgend werden einige beispielhaft genannt:

- Konventionelle und moderne Stückgutschiffe
- Semi-Containerschiffe
- Vollcontainerschiffe
- Feederschiffe
- Container-Passenger-Vessel
- Ore-Bulk-Container-Schiffe (OBC)
- Offene Bulkcarrier
- Ro/Ro-Schiffe, Container-Ro/Ro-Schiffe (ConRo), Ro/Ro-Lo/Lo-Carrier, Ro/Ro-Lo/Lo-Containerschiffe
  (vgl. ebenda)

---

30 Zum Beispiel steht MS für Motorschiff, TS für Turbinenschiff, CMV für Container Motor Vessel, CTV für Container Turbine Vessel usw.

Für die folgende Betrachtung soll der Fokus bei den Vollcontainerschiffen liegen.

Die ersten reinen Containerschiffe tauchten Mitte der sechziger Jahre auf. Bei ihnen handelte es sich um umgebaute Stückgutfrachter und Tanker. *(vgl. Müller, Holland 2000)*

Abweichend von der Fertigung großer Serien bei den anderen Verkehrsmitteln werden Schiffe in kleinen Stückzahlen oder einzeln als Unikat gebaut. Daher erfolgt ihre Unterscheidung nach den Gütern, die sie transportieren können. Außerdem werden sie weiter unterschieden nach der Schiffsgröße. Während sie bei allen anderen Schiffsarten mit Hilfe der Brutto- und Nettoraumzahl[31] sowie der Tragfähigkeit[32] angegeben werden, ist für Containerschiffe die Anzahl der Stellplätze für 20-Fuß-Container entscheidend. Bei Containerschiffen wird die Schiffsgröße daher in TEU (Twenty-foot Equivalent Unit) angegeben. Zwischen den einzelnen Containerschiffsgrößen gibt es allerdings keine normierten Abstände, sondern sie richtet sich nach den technischen Möglichkeiten der Werften sowie den Anforderungen der Reedereien und Schiffseigner. *(vgl. Schieck 2008, S.200f.; Schönknecht 2009, S.38)* Entsprechend der Entwicklung der Containerschifffahrt und dem damit verbundenen Kapazitätsanstieg werden Containerschiffe in Generationen eingeteilt. Strauch gibt folgende grobe Einteilung der Generationen von Containerschiffen zur Orientierung:

1.Generation: bis 1.000TEU
2.Generation: bis 2.000TEU
3.Generation: bis 3.000TEU
4.Generation: über 3.000TEU
5.Generation: über 6.000TEU
6.Generation: über 8.000TEU.

In **Abbildung 3-2** werden einige markante Containerschiffsgrößen anschaulich verglichen. Die derzeit größten Containerschiffe verfügen über 13.000TEU, allerdings sind bereits Schiffe mit mehr als 15.000TEU in Planung *(vgl. Strauch 2010, 1.3.1)*

31 „Bruttoraumzahl (BRZ) und Nettoraumzahl (NRZ) sind dimensionslose Größen, die keinem Maßsystem zugeordnet werden können. Die BRZ umfasst den gesamten Rauminhalt eines Schiffes ohne Ruderhaus, Treppen, Kombüse etc., die Nettoraumzahl den Gesamtraumgehalt aller Laderäume.“ *(Schieck 2008, S.200)*

32 „Die Tragfähigkeit von Schiffen wird in Gewichtstonnen bestimmt. Sie ergibt sich aus der Wasserverdrängung des beladenen Schiffes abzüglich der Wasserverdrängung des unbeladenen Schiffes (tons dead weight, tdw).“ *(ebenda)*

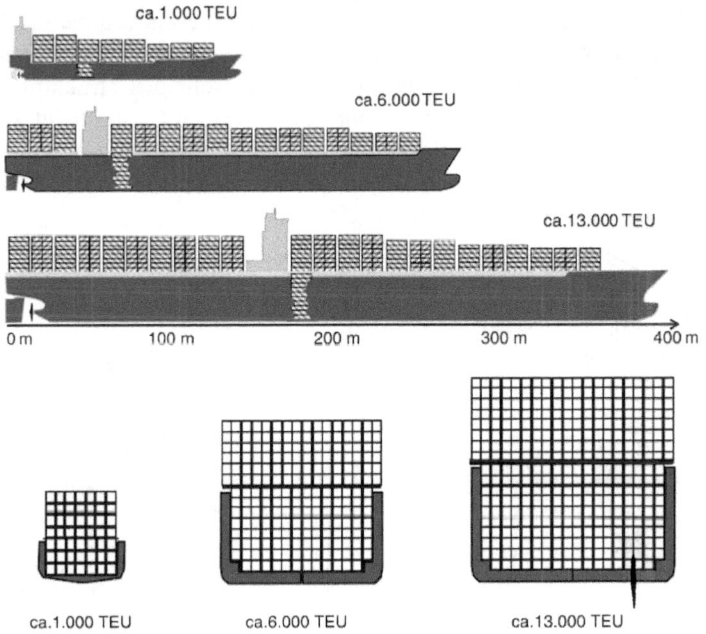

Abbildung 3-2: *Größenvergleich unterschiedlicher Containerschiffe (Schönknecht 2009, S.5)*

Containerschiffe werden als offene Schiffe konstruiert, um so den Zugriff auf jeden Container mit Hebezeugen zu gewährleisten. Sie existieren mit Lukendeckel und seit den neunziger Jahren auch ohne als sogenannte Open-Top-Schiffe, mit dem Ziel, den Umschlag wirtschaftlicher zu gestalten.

Vor allem bei lukenlosen Schiffen muss die zulässige maximale Stapelhöhe der Container beachtet werden. Sie ist durch deren Festigkeit begrenzt. Die Mindestanforderung der ISO-Norm geht von sechs voll beladenen Containern aus. Je nach Bauweise sind jedoch auch mehr möglich, die meisten Quellen nennen neun Container als Grenzwert. Auf größeren Containerschiffen sind bis zu zwölf Lagen Container vorgesehen. Um diese voll auszunutzen, können allerdings nur teilbeladene Container zum Einsatz kommen oder solche mit einer höher ausgelegten Stapelfähigkeit.

Um die Einschränkungen durch die Stapelhöhe zu umgehen, bekommen Lukendeckel neben ihrer Funktion als Abdichtung der Luken eine neue Funktion als zusätzlicher Lagerplatz für Container auf Deck.[33] *(vgl. Müller, Holland 2000; Strauch 2010, 1.3.1)*

33 Durch die Lukendeckel können beispielsweise in der **Abbildung 3-2** bei dem 6000TEU-Schiff acht Container unter Deck und zusätzlich sechs Container an Deck ge-

Durch eine Zweihüllenkonstruktionsweise sind die Laderäume der Containerschiffe glatt, kantig und durchgehend. Sie werden durch sogenannte Cell Guides, vertikale Führungsschienen, in Zellen für Container strukturiert. Jeder einzelne Stellplatz für einen Container innerhalb der Cell Guides heißt Slot. **Abbildung 3-3** verdeutlicht das Prinzip, wie die Container in den Cell Guides eingeordnet werden. *(vgl. Schieck, S.204; Jung-Poppe 2004, S.94 und S.112; Strauch 2010, 1.3.1 und 1.3.2)*

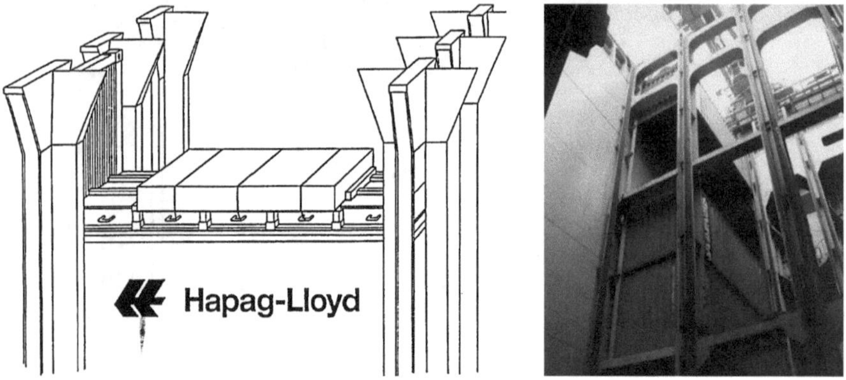

Abbildung 3-3a und b: *Cell Guides (a)Jung-Poppe 2004, S.94; b) http://www.tis-gdv.de/tis/taz/c/cell_guides.htm (Zugriff: 11.05.2010))*

Generell werden Container in den meisten Fällen längs zum Schiff gestaut. Bei der Ladungssicherung müssen die Schiffsbewegungen und der Winddruck berücksichtigt werden, um die Ladung gegen Verrutschen und Kippen zu sichern.

An Bord können die Container genau wie unter Deck mit Zellgerüsten gesichert sein oder indem sie in Stapeln oder Blöcken gestaut und untereinander verbunden werden.

Am häufigsten werden die Container übereinander gestapelt und mit sogenannten Twistlocks (Verrieglungsstücke) an den Eckbeschlägen verbunden, wobei die einzelnen Stapel frei stehen und nicht untereinander verbunden werden. Dadurch können sie individuell geladen und gelöscht werden. Zusätzlich werden die untersten Lagen mit sogenannten Laschstangen über Kreuz gesichert. Die in **Abbildung 3-4** an den Rändern erkennbaren längeren Laschstangen dienen dem Schutz vor Winddruck. *(vgl. Strauch 2010, 1.3.2; Jung-Poppe 2004, S.121)*

---

stapelt werden. Bei dem 13.000TEU-Schiff sind es zehn Container unter Deck und weitere acht an Deck.

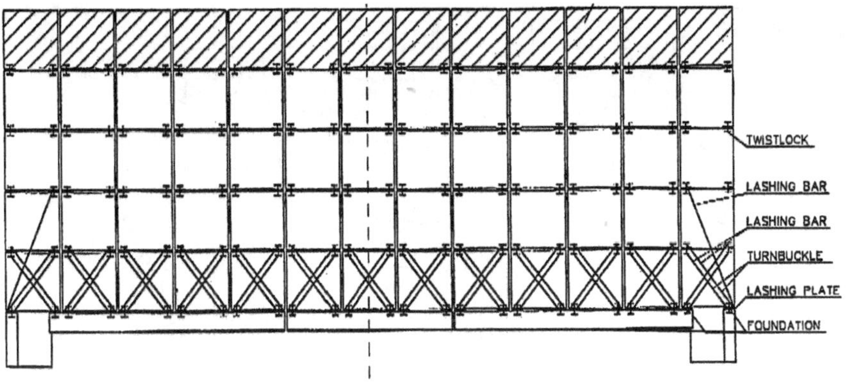

Abbildung 3-4: *Containerstapel an Deck (vgl. Jung-Poppe 2004, S.121)*

3.1.1.2 Schifffahrtswege

Die Schifffahrtswege sind die kürzesten Verbindungen zwischen zwei Häfen und auf dem offenen Meer zunächst nicht erkennbar. Neben den Meeren gehören dazu weiterhin Meeresengen oder Meeresstraßen. Dabei handelt es sich um natürliche Verbindungswege zwischen den Ozeanen und den Rand- und Nebenmeeren. Außerdem werden künstlich geschaffene Seeschifffahrtskanäle dazu gezählt. Sie sind angelegte Wasserstraßen, mit deren Hilfe Wegstrecken verkürzt und somit Zeit und Kosten gespart werden sollen.

Das gesamte Einsatzgebiet der Seeschifffahrt wird in etwa 40 Fahrtgebiete und Trade Areas eingeteilt.[34] *(vgl. Schieck 2008, S.191ff.)*

In der internationalen Containerschifffahrt reduziert sich die Zahl der angelaufenen Häfen und bildet den sogenannten Containergürtel. Die betreffenden Häfen gehören zu den führenden Wirtschaftsnationen der Erde, befinden sich überwiegend in der nördlichen Hemisphäre und zeichnen sich durch eine hohe Umschlagleistung aus. Der Containergürtel besteht aus verkehrstechnisch hoch entwickelten Fahrtgebieten und wird in beide Richtungen befahren. Er verbindet die zwanzig größten Containerhäfen in vierzehn Staaten. *(vgl. ebenda, S.192)*

34 Eine Liste der Fahrtgebiete befindet sich im **Anhang 3-4**.

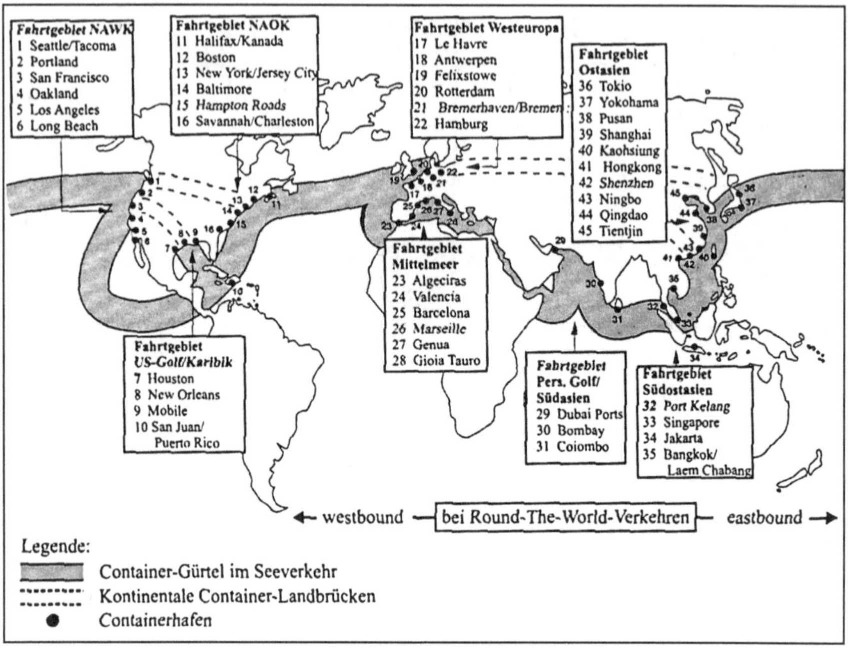

Abbildung 3-5: Containergürtel (Schieck 2008, S.192)

3.1.3.3 Hafenanlagen und Umschlag

Die Hafenwirtschaft bildet einen Teil des Seeverkehrs (neben der Schifffahrt). Die in Häfen angebotenen Leistungen sind sehr unterschiedlich und bestehen meistens aus einer Kombination von TUL- und Serviceleistungen. Sie werden von einer Vielzahl von Unternehmen im Hafen angeboten. *(vgl. Biebig, Laue 2000, S.507)*

Häfen sind die Ausgangs- und Zielorte der Schifffahrt. Hier werden die Vorlaufverkehre gebündelt und für den Nachlauf wieder verteilt. *(vgl. Schieck 2008, S.195)*

Entsprechend der Zollabwicklung werden Häfen eingeteilt in solche, die im Zollgebiet liegen, und sogenannte Freihäfen, in denen Waren ohne zollrechtliche Einschränkungen umgeschlagen und gelagert werden dürfen. Freihäfen sind v.a. für Transitgeschäfte von Bedeutung. *(vgl. Büter 2007, S.231)*

Häfen haben eine dreiteilige Grundstruktur. Sie bestehen aus einem wasserseitigen Bereich, der über geschützte Liegeplätze zur Abfertigung der Schiffe verfügt. Im internen Hafenbereich stehen Flächen und Technik zur Behandlung des Transportgutes zur Verfügung. Der landseitige Bereich stellt die Verbindung zu den Landverkehrsmitteln dar. *(vgl. Biebig, Laue 2000, S.522)*

Seehäfen befinden sich in Küstennähe und haben eine Verbindung zur offenen See (im Gegensatz zu Binnenhäfen). Nach ihrem Schutz vor der offenen See werden sie weiter unterteilt in:

- Fluss- und Mündungshäfen,
- natürlich geschützte Küstenhäfen,
- künstlich geschützte Küstenhäfen
- und ungeschützte Häfen vor der Küste.

Teilweise werden die Häfen durch Schleusen vor dem Einfluss der Gezeiten geschützt.

Häfen können weiter nach ihrer Funktion unterschieden werden, wobei für diese Untersuchung nur Umschlaghäfen von Bedeutung sind. Die großen bekannten Häfen sind in der Regel Universalhäfen, d.h. in ihnen können mehrere verschiedene Gutarten in spezialisierten Hafenbereichen umgeschlagen werden. Daneben gibt es Spezialhäfen für nur ein Gut oder eine Gutgruppe.

Die Umschlageinrichtungen der Häfen dienen dem Be- und Entladen der Schiffe, dem Ein- und Auslagern der Güter sowie den Transporten im Hafenbereich. *(vgl. Biebig, Laue 2000, S.522ff.; Strauch 2010, 1.3.1)*

Für Schiffe ohne eigene Umschlagmittel stehen in den Häfen technische Einrichtungen zur Verfügung, wie beispielsweise Rohrleitungen für flüssige Massengüter sowie Gabelstapler, Dreh- und Portalkräne für konventionelles Stückgut.

Containerschiffe sind auf die Umschlageinrichtungen der Häfen angewiesen, da sie zumeist über kein eigenes Ladegeschirr verfügen. Für den Umschlag von Containern gibt es verschiedene Lösungen.[35]

Dazu zählen Containerbrücken. Sie verfügen über einen am Brückenträger angebrachten Fahrerstand mit Laufkatze. Die Träger reichen auf dem Land über die Abstellpositionen der Container hinaus und auf dem Wasser über die Breite des Schiffes. Die Laufkatze kann den Container mit Hilfe eines Spreaders aufnehmen und wieder absetzen. Durch die Bewegungen der Laufkatze entlang des Trägers und die Möglichkeit, die Containerbrücke auf Schienen längs zum Schiff zu verschieben, kann jeder Punkt des Schiffes erreicht werden.

Aufgrund der hohen Investitions- und Betriebskosten lohnen sich Containerbrücken nur in den Main Ports. In kleineren Häfen kommen stattdessen Dreh-

---

35 Für den Containerumschlag kommen im Seegüterverkehr wie im Schienengüterverkehr vom Prinzip her die gleichen Umschlaganlagen zum Einsatz. Um Dopplungen zu vermeiden sollen sie daher nur an dieser Stelle ausführlich beschrieben werden.

und Portalkräne zum Einsatz. Das Prinzip der Drehkräne beruht auf einem fahrbaren Unterbau und einem Ausleger mit Lastseil, zwischen denen eine Drehverbindung besteht. Portalkräne sind fahrbare Brückenkonstruktionen, innerhalb derer bzw. auf denen sich Laufkatzen oder Auslegerkrane bewegen. Ihr wasserseitiger Ausleger reicht über ein Schiff, bzw. bei einem Umschlag von Schiff zu Schiff über mehrere, der landseitige Ausleger kann über drei bis vier Lagen hohe Containerstapel mit einer angehängten Ladeeinheit fahren.

Auf der Landseite kommen Portalhubwagen zum Einsatz, die bis zu vier Container übereinander befördern können. Alternativ existieren auch auf LKW-Chassis montierte Seitenlader, Schwerstapler (Reach Stacker) sowie Schwergabelstapler. Letztere können aber nur bei leeren 20‘-Containern angewendet werden. *(vgl. Schieck 2008, S.205; Biebig, Laue 2000, S.524; Frindik 2008, S.739)*

Die Containerisierung hat einen starken Einfluss auf die Hafenwirtschaft, denn sie senkt den Personalbedarf, erhöht aber gleichzeitig den Investitionsbedarf. Als zweite Entwicklung löste sie die Entstehung sogenannter Megaports aus, die in der Lage sind, die Containerschiffe der neusten Generation zu bedienen. Voraussetzungen dafür sind leistungsfähige Umschlagtechnologien, Hinterlandanbindungen mit der Bahn, dem Binnenschiff und den Straßengüterverkehr sowie ausreichende Hafentiefen, die den ständig wachsenden Containerschiffen die Zu- und Abfahrt ermöglichen. *(vgl. Schieck 2008, S.195f.)*

In der Linienschifffahrt können Container und Stückgüter ständig (auch vor Ankunft des Schiffes) an Kaischuppen und Containerumschlaganlagen angeliefert werden. Die Hafenverwaltung, Reeder oder Speditionen betreiben diese Anlagen. Die Güter werden zunächst durch den Kaibetrieb kontrolliert und bei der anschließenden Übernahme auf das Schiffes ebenfalls durch den Tallyman (Seegüterkontrolleur).

Bei Containerverkehren ist ein direkter Umschlag nicht möglich. Wenn die Container im Seehafen ankommen, werden sie vom LKW oder Güterwagen abgehoben und an einer vorher bestimmten Stelle nach einem Stauplan abgesetzt.

Das Schiff wird zunächst an seinen Liegeplatz herangeführt und festgemacht. Danach werden die Importcontainer gelöscht und anschließend die „vorsortierten“ Exportcontainer aufgenommen und an Bord nach einem Stauplan abgestellt. Für diesen Vorgang entfällt ein Umschlagsentgelt in Form der ‚Terminal Handling Charge‘ (THC).

Neben dem Laden und Löschen des Schiffes finden im Hafen gegebenenfalls noch Ver- und Entsorgungsprozesse, Instandhaltungsmaßnahmen oder andere Hilfsprozesse statt. Daneben erfolgen Abstimmungen zwischen den Beteiligten, darunter auch Behörden, und die Übergabe notwendiger Dokumente. Ist das Schiff beladen, werden die Verbindungen vom Liegeplatz wieder gelöst und das Schiff verlässt den Hafen. Hafenschlepper unterstützen häufig große Schiffe beim An- und Abfahren. *(vgl. Meder 2007, S.128ff.; Biebig, Laue 2000; S.530)*

3.1.4 Die Containerschifffahrt zwischen Ostasien und Europa

2007 wurden 17,7 Mio. TEU per Seegüterverkehr von Asien nach Europa transportiert und 10 Mio. TEU von Europa nach Asien. Bis 2015 rechnet die UNESCAP mit einem Anstieg auf jeweils 26,1 Mio. TEU und 17,7 Mio. TEU. Den Unterschied zwischen den Mengen ostwärts und westwärts machen Container aus, die leer zu ihrem Ursprungsort zurück befördert werden müssen. *(vgl. Vinokurov, Jadraliyev, Shcherbanin 2009, S.14)*

Eine Ursache findet sich in den ungleichen Import- und Exportströmen der einzelnen Länder. Die **Abbildung 3-6** verdeutlicht die unterschiedlichen Containerströme zwischen China und Europa (sowie Nordamerika). So wirkt sich der Exportüberhang der chinesischen Wirtschaft in Form einer größeren Menge voller Containern aus China als nach China aus. *(vgl. Schönknecht 2009, S.65)*

Eurostat-Daten zu den Importen und Exporten über die Häfen der EU15-Länder[36] bestätigen diese Aussagen. So ist die Zahl der von China in die EU15 verschifften Container zwischen 2000 und 2008 von rund einer Million auf rund 6,6 Mio. TEU bei durchschnittlichen Zuwachsraten von 30% gestiegen. Damit wuchsen sie stärker als die Importe der EU15 insgesamt, so dass sich der Anteil der chinesischen Importcontainer von 5% auf 17% erhöhte. Im gleichen Zeitraum stieg die Menge der Exporte nach China von etwa einer halben Million auf über 4 Millionen. Das Verhältnis zwischen Containern nach China und Containern aus China lag damit bei etwa zwei zu drei. Der Anteil leer nach China zurück geführter Container übersteigt den Durchschnittswert der EU15 und ist zwischen 2000 und 2008 von etwa einem Drittel auf etwa die Hälfte der Containerbewegungen gestiegen.[37]

Auf die ungleichen Containerströme zwischen Europa und China wirkt sich weiterhin aus, dass die durchschnittlichen Gewichte der Container von Europa nach China höher sind, als in umgekehrter Richtung. Um die großvolumigen Ladungen aus Asien zu exportieren, müssen daher zusätzlich Leercontainer nach China gebracht werden. *(vgl. Strauch 2010, 1.2)*

---

36 Um eine gleiche Datenbasis zu gewährleisten bezieht sich die Statistik auf die fünfzehn Mitgliedsstaaten der EU bis 2004.

37 Im **Anhang 3-5** befindet sich die vollständige Statistik, die auf Grundlage von Eurostat-Datenbankabrufen erstellt wurde.

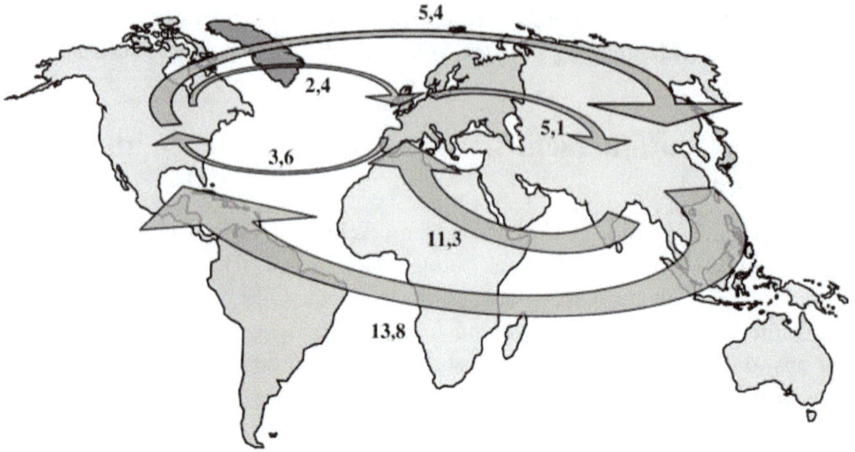

Abbildung 3-6: *Verteilung der Vollcontainerströme in Millionen TEU in 2006 zwischen Europa, Asien und Nordamerika (Schönknecht 2009, S.66)*

Für den Seeverkehr zwischen Ostasien und Europa kommen mehrere Strecken in Frage, die in der folgenden Karte schematisch dargestellt werden:

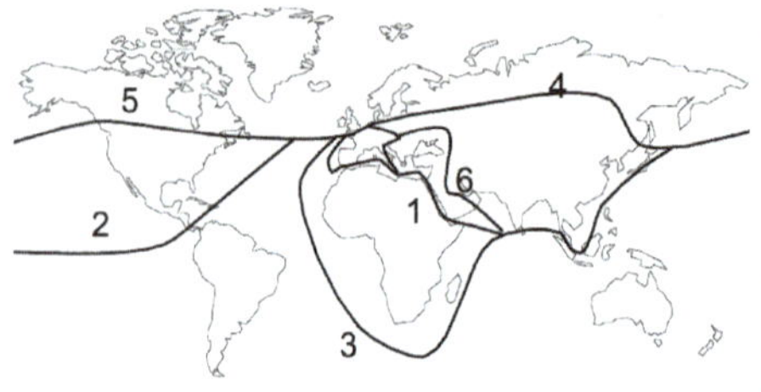

1	Seeroute via Suez	20.700km
2	Seeroute via Panama	23.200km
3	Seeroute via Kap der Guten Hoffnung	27.000km
4	Trans-Sibirische Landbrücke	13.000km
5	Seetransport/Landbrücke via USA	20.000km
6	Sea/Air Service via Dubai	20.000km

Abbildung 3-7: *Mögliche Transportstrecken zwischen Europa und Fernost*[38] *(Biebig, Althof, Wagener 2008, S.112)*

98% aller Güter zwischen Asien und Europa werden über den Suezkanal transportiert, weswegen die anderen Routen hier nicht weiter betrachtet werden sollen. *(vgl. Vinokurov, Jadraliyev, Shcherbanin 2009, S.15)*

2009 passierten 17.228 Schiffe den Suezkanal bzw. 29,8 Mio. TEU Güter.[39] Bis jetzt gibt es keine Schiffsgrößenbeschränkungen, die existierende Container-

38 Weitere, hier nicht aufgeführte Strecken sind die 14.100km lange Nordostpassage und die 15.900km lange Nordwestpassage, die für die Containerschifffahrt derzeit nicht nutzbar sind.

schiffe erreichen, so dass auf dieser Route die größten Containerschiffe fahren. Laut Frindik sind im Fernostverkehr Schiffe mit 6.000 bis 9.000TEU die Regel. *(vgl. Suez Canal Authority 2010; Schönknecht 2009, S.63; Frindik 2008, S.741)* Allerdings rechnen Vinokurov, Jadraliyev und Shcherbanin bereits damit, dass der Suezkanal bald seine maximale Kapazität erreichen wird und geben zu bedenken, dass die alternative Route über das Kap der Guten Hoffnung zu höheren Transportkosten führt.[40] *(vgl. Vinokurov, Jadraliyev, Shcherbanin 2009, S.15)*

Die von den Reedereien angeboten Dienste zwischen Fernost und Europa verändern sich relativ schnell. Generell lässt sich feststellen, dass die Anzahl der Dienste auf dieser Relation sowie die von diesen Diensten angelaufenen Häfen in den letzten Jahren zugenommen haben, wie **Tabelle 3-3** zeigt. Dadurch entwickelte sich ein immer feinmaschigeres Transportnetzwerk, das mit einer immer höheren Frequenz durchfahren wird. *(vgl. Schönknecht 2007, S.119)*

Tabelle 3-3: *Entwicklung der Relation Nord-West-Europa und Fernost (vgl. Schönknecht 2009, S.120f.)*

Jahr	**Anzahl der beteiligten Häfen**	**Anzahl der angebotenen Fernost-Dienste über die nordwesteuropäischen Häfen**
1995	25	17
2000	36	26
2005	39	36

3.1.5 Der Seetransport von Tianjin nach Zhlobin

3.1.5.1 Speditionen

Die Suche nach Speditionen für Transporte aus China gestaltet sich sehr einfach. Nahezu jede auf Seegütertransporte spezialisierte Spedition ist in der Lage, einen Transport von China nach Europa durchzuführen. Hinzu kommen weitere Speditionen für andere Verkehrsträger, die aber über ihre Partner auch Seegütertransporte anbieten können, sowie Reedereien, die Linienverkehre von China nach Europa betreiben und in der Lage sind, den Vor- und Nachlauf zu organisieren.

39 Im **Anhang 3-6** befindet sich eine Statistik des Transitverkehrs über den Suez-Kanal von 2000 bis 2009. Daraus lassen sich auch die unterschiedlich stark ausgeprägten Verkehre von Südostasien nach Europa und in der Gegenrichtung ablesen.

40 Durch eine Breitenbeschränkung von 32,2m kann der Panamakanal nur von Containerschiffen mit maximal 5.500TEU passiert werden, so dass er nur bedingt eine Alternative darstellt. *(vgl. Schönknecht 2009, S.63)*

Auf die insgesamt vierzehn verschickten Anfragen haben neun Speditionen innerhalb kurzer Zeit geantwortet. Sieben Speditionen haben etwa innerhalb einer Woche vollständige Angebote erstellt, die im Kostenvergleich berücksichtigt werden. Sie werden hier mit SEE1 bis SEE7 bezeichnet. Bei den Unternehmen SEE1 und SEE2 handelt es sich um Lienenreedereien, bei den anderen um Transport- und Logistikdienstleister.

Der Aufbau der Angebote ist standardisiert. Zumeist enthalten sie eine detaillierte Auflistung der Kostenbestandteile, die jedoch unterschiedlich zusammengefasst werden.

Auf Fragen zu den Angeboten konnten alle Speditionen sofort antworten.

3.1.5.2 Die Transportstrecke

Der Containertransport von Tianjin nach Hamburg erfolgt im Linienverkehr, wie beispielsweise der Linienservice von Cosco in **Abbildung 3-8** (wobei unterschiedliche Häfen angefahren werden können).

Die Transportstrecke verläuft wie folgt:

> Tianjin[41] → Gelbes Meer → Ostchinesisches Meer → Südchinesisches Meer → Straße von Malakka/Singapur → Indischer Ozean → Golf von Aden → Rotes Meer → Suez-Kanal → Mittelmeer → Straße von Gibraltar → Atlantischer Ozean → Ärmelkanal → Straße von Dover/Calais → Nordsee → Elbe → Hamburg.

Von Hamburg aus wird der Container per LKW oder im Bahn-Kombi-Verkehr nach Dresden gefahren. Um die Walzen aus dem Container auf einen LKW umzuladen, ist ein Zolllager notwendig (da SEE2 nicht über ein Zolllager in Dresden verfügt, bieten sie die Umladung in Leipzig an). Ab Dresden werden die Walzen von einer weißrussischen Spedition, die ein Tochterunternehmen des Empfängers ist, übernommen.

SEE7 hat ein komplettes Angebot von Tianjin bis Zhlobin erstellt. Danach werden die Walzen in einem Container von Tianjin bis Hamburg per Containerschiff transportiert und in Hamburg aus dem Container auf einen LKW umgeladen. Anschließend werden sie per LKW bis Zhlobin transportiert.

Die Transportdauer für den Seegütertransport wurde von den einzelnen Speditionen auf Anfrage (bei den beiden Lienenreedereien findet sich diese Angabe auf der Website) mit etwa 30 bis 40 Tagen angeben.[42] Um die Gesamttransportdauer zu ermitteln, wurde die Zeit im Hamburger Hafen mit zwei Tagen kalkuliert, für den innerdeutschen Transport ein Tag und für den Transport von Dres-

41 Die Stadt Tianjin verfügt über zwei Häfen, wobei Xingang der für die Containerschifffahrt genutzt Tiefseehafen ist. In den Angeboten finden sich die Namen Tianjin, Tianjin-Xingang sowie Xingang.

42 Die genauen Angaben der jeweiligen Speditionen befinden sich in der **Tabelle 3-10**.

den nach Zhlobin drei bis vier Tage, was den bisherigen praktischen Erfahrungen entspricht. Für den kompletten Transport von Tianjin nach Zhlobin ergibt sich eine Transportdauer von etwa 40 bis 50 Tagen.

Abbildung 3-8: *Linienangebot von Cosco China-Europa (http://www.coscon.com/ourservice /ASIA%20_EUROPE/servicemapNE3EN.jsp?group=ASIA EUROPE (Zugriff: 26.03.2010))*

3.1.5.3 Besonderheiten des Seetransports

Hinsichtlich der Transportdauer wiesen zwei Speditionen darauf hin, dass es aufgrund von Überbuchungen der Schiffe zu Verschiebungen kommen könnte oder dazu, dass die Container beispielsweise in Singapur auf ein anderes Schiff umgeladen werden.

3.2 Schienengüterverkehr

3.2.1 Leistungsangebot des Schienengüterverkehrs

Die Basisleistung der Bahn besteht in einer Ortsveränderung von Gütern, dazu kommen Zusatzleistungen. Es existieren folgende Produktgruppen:

- Ganzzugverkehr: eine Sendung lastet einen kompletten Zug aus
- Einzelwagenverkehr: eine Sendung lastet den Laderaum eines oder mehrerer Wagen vollständig aus
- Einzelsendungen: die Sendung beansprucht nicht einen kompletten Güterwagen
- Kombinierter Ladungsverkehr (KLV).

  (vgl. Berndt 2001, S.13 und S.19)

„Beim Ganzzugverkehr fahren alle Wagen eines Zuges vom gleichen Versandbahnhof zu einem gemeinsamen Empfangsbahnhof." *(Ihme 2008, S.316)* Ganzzugverkehre entsprechen dem idealen Leistungsangebot des Schienengüterverkehrs, da hier die Vorteile der Bahn, große Lasten über weite Strecken kostengünstig zu transportieren, am meisten zum Tragen kommen. Aus diesem Grund setzen Eisenbahnverkehrsunternehmen v.a. auf den Ausbau dieses Segmentes. Anwendung finden Ganzzüge bei planbaren Massengütern und bei Stückgütern in starken Strömen, z.B. bei Just-in-time-Konzepten. Schieck beziffert den Anteil von Ganzzugverkehren am deutschen Schienengüterverkehr mit 45%.

Dagegen müssen die Wagen im Einzelwagenverkehr und bei Einzelsendungen zunächst in der Fläche gesammelt werden und zu einem Güterzug zusammen gestellt werden. Bis zum Erreichen des Zielbahnhofes müssen die Wagen oft mehrmals in Rangierbahnhöfen neuen Zügen zugeordnet werden. Das erhöht die Transportzeit, den Organisationsaufwand und die Kosten. Die Profitabilität der Einzelwagenverkehre ist von Land zu Land unterschiedlich, teilweise wurden sie sogar eingestellt.

Wenn Einzelwagenverkehre gebündelt werden, können sie auch als Ganzzug versandt werden. *(vgl. Ihme 2008, S.316ff.; Schieck 2008, S.284f.; Berndt 2001, S.19)*

Für den Kombinierten Verkehr per Bahn gibt es drei verschiedene Varianten:

- die begleitete Beförderung kompletter Glieder- oder Sattelzüge (auch „Rollende Landstraße")
- die unbegleitete Beförderung von Sattelanhängern
- die unbegleitete Beförderung von Behältern, wie Containern oder Wechselaufbauten.

  (vgl. Schieck 2008, S.287f.)

In den meisten Fällen wird der Kombinierte Verkehr mit der Bahn als die Kombination Schiene/Straße verstanden, wobei die Bahn den sogenannten „Nachtsprung" übernimmt.

Mit welchen Verfahren die Leistungen im Schienengüterverkehr erbracht werden können, wird in der nachfolgenden Tabelle schematisch dargestellt.

Tabelle 3-4: *Verfahren bei der Produktion von Schienenverkehrsleistungen (Berndt 2001, S.48)*

Basisprodukt	**Bezeichnung des Verfahrens**	**Darstellung des Verfahrens**	**Rangieraufwand**
Ganzzugverkehr	Pendel- oder Shuttlezug	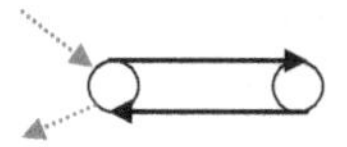	minimal
	Direktzug		niedrig
Einzelwagen-verkehr	Linien- oder Ringzug	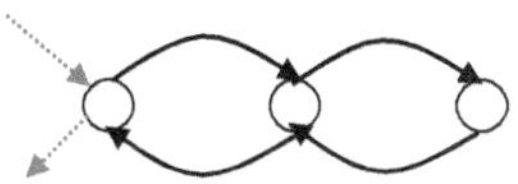	minimal
	Flügelzug	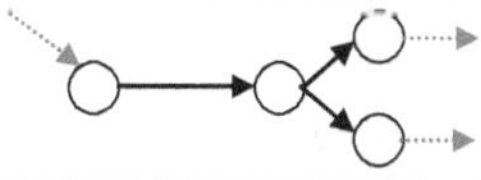	mittel
	Mehrgruppenzug	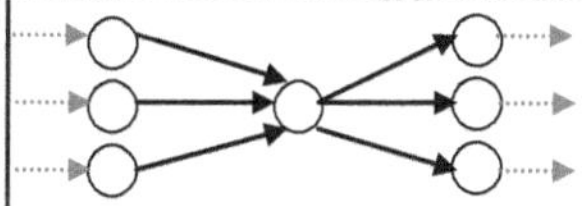	hoch
	Einzelwagen	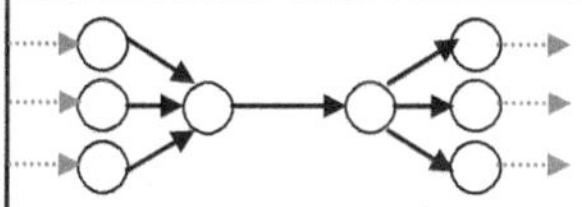	sehr hoch
KLV	Narbe-Speiche-Verfahren	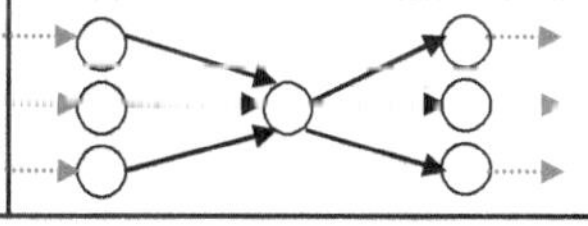	abhängig von der Umschlagtechnik

3.2.2 Organisation und Ablauf

3.2.2.1 Übersicht

Für den Containertransport im Schienengüterverkehr gibt es zwei Organisationsmodelle.

Zum einen bietet eine Spedition den Kombinierten Verkehr von Haus zu Haus an. Sie stellt den Container zur Beladung beim Versender, organsiert den Transport zum Terminal, den Umschlag im Terminal, den Schienentransport sowie die Beförderung zum Empfänger. Die Spedition übernimmt die Haftung von Haus zu Haus und stellt den kompletten Transport in Rechnung. Wenn der

Versender selbst über Container verfügt oder selbst einen Frachtführer für den Transport zum Terminal bestimmen möchte, ist das Angebot anpassbar.

In Europa wird dieses Organisationsmodell v.a. von den Eisenbahngesellschaften oder ihren Tochtergesellschaften angeboten.

Im zweiten Fall tritt ein sogenannter Operateur (Operator) in Erscheinung. Dabei handelt es sich um eine Art „Einkaufsgenossenschaft" deren Anteilseigner meist Unternehmen des Straßengüterverkehrs und Speditionen sind. Der Operateur kauft Schienentransportleistungen und Umschlagleistungen am Terminal in großen Mengen ein und verkauft sie an Speditionen und seine Anteilseigner in Form von einzelnen Transportplätzen auf einem Zug weiter. Er übernimmt die Garantie für die Auslastung des Zuges. Teilweise verfügen Operateure auch über eigene Triebfahrzeuge oder Waggons. Sie sind national abgegrenzt, arbeiten aber international zusammen.[43] Das Angebot eines Operateurs ist der Transport von Terminal zu Terminal und richtet sich an Speditionen. Diese kombinieren die Leistung des Operateurs mit eigenen Leistungen und können so dem Versender einen Transport von Haus zu Haus anbieten. *(vgl. Frindik 2008, S.742f.)*

Innerhalb eines Eisenbahnunternehmens schließen sich die folgenden Organisationsaufgaben und Abläufe an.

Für jede Fahrzeugbewegung sind Triebfahrzeuge, Wagen und entsprechende Infrastruktur sowie Personal zur Bedienung notwendig. Aus diesen Bedarfen ergibt sich eine Aufgliederung des sogenannten Produktionsmanagements eines Eisenbahnunternehmens in Infrastrukturmanagement, Wagenmanagement, Traktionsmanagement und Betriebsmanagement.

Das Betriebsmanagement ist für die komplette Planung, Steuerung, Überwachung und Abrechnung des Produktionsprozesses zuständig und befasst sich somit mit Infrastruktur, Wagen, Traktionsleistung und Personal. Um eine Gesamtleistung zu erstellen werden alle erforderlichen Teilleistungen von internen und externen Dienstleistern zugekauft und kombiniert. Die Leistungsabrechnung erfolgt sowohl mit den Dienstleistern, externen und internationalen Bahnunternehmen als auch intern. *(vgl. Berndt 2001, S.14ff., S.183 und S.204)*

Das Infrastrukturmanagement befasst sich mit der Bereitstellung und Unterhaltung der Eisenbahninfrastruktur. Dafür wird das Schienennetz in freie Strecken und Bahnhöfe unterschieden.[44] Die Gründe für diese Einteilung liegen in

---

43 Die UIRR – Union Internationale des Sociétés de Transport Combiné Rail-Route – ist der europäische Verband der Operateure im Kombinierten Verkehr Straße/Schiene.

44 Diese Einteilung und die sich daraus ergebenden Begrifflichkeiten und Definitionen sind typisch für den deutschsprachigen Raum. Pachl weist darauf hin, dass die Definitionen, wie sie auch in dieser Arbeit verwendet werden, in den deutschsprachigen Ländern Mitteleuropas und in Luxemburg Anwendung finden sowie in großen Teilen Ost-

den unterschiedlichen Verantwortlichkeiten, den Rahmenbedingungen, den Technologien, den zulässigen Höchstgeschwindigkeiten und den Rationalisierungsmöglichkeiten.

Auf den freien Strecken finden signaltechnisch gesicherte Zugfahrten statt. Sie werden von den Eisenbahnverkehrsunternehmen organisiert, aber von den Eisenbahninfrastrukturunternehmen gesteuert.[45] *(vgl. Berndt 2001, S.15f. und S.208)*

Das Grundprinzip besteht darin, einen bestimmten Raumabstand einzuhalten, da das Fahren auf Sicht durch die langen Bremswege der Eisenbahnen nicht möglich ist. Als Planungsinstrument werden sogenannte Fahrplantrassen geschaffen. Eine Fahrplantrasse ist ein zeitlich und räumlich definiertes Nutzungsrecht der Eisenbahninfrastruktur zur Durchführung von Zugfahrten. Aus der Summe der Trassen ergibt sich der gesamte Fahrplan für eine Strecke oder einen Netzbereich. Entsprechend dem Planungshorizont gibt es Regeltrassen, Sondertrassen und kurzfristige Bestellungen sowie Trassen für internationale Verkehre. Für eine Trasse ist ein Entgelt zu zahlen. *(vgl. ebenda, S.15f., S.84, S.208 und S.248)*

Für die Eisenbahnknoten sind die Eisenbahnverkehrsunternehmen zuständig, und damit auch für das Rangieren in den Bahnhöfen, das hier den Hauptprozess darstellt. Ein weiterer Unterschied ergibt sich daraus, dass die Betrachtungseinheit der einzelne Wagen oder eine Wagengruppe ist und nicht der ganze Zug. Für das Rangieren gibt es keine Fahrpläne, diese Fahrten erfolgen bei stark reduzierter Geschwindigkeit auf Sicht. Gegenüber dem Fahren auf der freien Strecke stellt das Rangieren einen Nebenprozess dar. *(vgl. Berndt 2001, S.251; Pachl 2008, S.15f. und S.260)*

Um Waggons für den jeweiligen Einsatz bereitzustellen, gibt es das Wagenmanagement. Größere Eisenbahnverkehrsunternehmen verfügen für gewöhnlich über eigene Wagen. Da diese sehr teuer sind, wird eine intensive Bewirtschaftung angestrebt. Sind die benötigten Wagen nicht verfügbar, können sie angemietet werden.

Für einen spezifischen Transport kommen teilweise mehrere verschiedene Wagen und verschiedene Wagenarten in Frage. Die Auswahl erfolgt nach dem geringsten Aufwand bei der Bereitstellung. Da sich die Wagen meist nicht an den Bedarfsorten befinden, müssen sie zunächst zugeführt werden. Anschlie-

---

europas und des Balkans. In Skandinavien und den GUS-Staaten existieren ähnliche Grundsätze. Dagegen unterscheiden sich die Definitionen in Westeuropa und v.a. in Großbritannien und Nordamerika. *(vgl. Pachl 2007, S.559 und 2008, S.18)*

45 Eisenbahnunternehmen gliedern sich in Eisenbahnverkehrsunternehmen und Eisenbahninfrastrukturunternehmen. Eine genauere Erklärung dazu befindet sich in Kapitel 3.2.2.2.

ßend werden sie beladen. Im Laufe des Transportes im Einzelwagenverkehr können die Wagen meist nicht in einem durchgehenden Zug befördert werden, sondern müssen zwischendurch anderen Zügen zugeordnet werden. Auch Teilbe- und Entladungen sind möglich. Im Empfangsbahnhof müssen die Wagen schließlich entladen werden. Im Idealfall schließt sich an den beschriebenen Wagenlauf die Wiederbeladung an. Andernfalls erfolgt eine Verwaltung der leeren Waggons. *(vgl. Berndt 2001, S.16 und S.222ff.)* Laut Schubert beträgt der zeitliche Anteil des Leerlaufes der Güterwagen über 40% des Gesamtumlaufes, bei Spezialgüterwagen sogar über 50%, wobei in diesen Zahlen die Zeit für die Beladung enthalten ist. Betrachtet man die reine Fahrzeit im Zugverband der Leerwagen, sind es 10%. *(vgl. Schubert 2000c, S.134)*

In vergleichbarer Weise ist das Traktionsmanagement für die Bereitstellung von Triebfahrzeugen und Personal zuständig. Traktionsleistungen sind Zugförder- oder Rangierleistungen. Trotz aller unterstützender Technik ist der Schienengüterverkehr durch einen sehr hohen Personalbedarf vor Ort gekennzeichnet. An das Personal werden hohe Anforderungen hinsichtlich der Streckenkenntnis und der Qualifikation gestellt, darüber hinaus muss der Rückweg zum Heimatort des Lokführers berücksichtigt werden. Traktionen (analog Personalleistungen) können für das eigene Eisenbahnverkehrsunternehmen bereitgestellt, an ein fremdes Eisenbahnverkehrsunternehmen verkauft oder von einem Lokpool bezogen werden. Sind sie regelmäßig zu erbringen, wird von Regelleistungen gesprochen, bei Sonderzügen oder unregelmäßigen Traktionsleistungen von Einzelleistungen. Dispositive Leistungen sind kurzfristig und innerhalb weniger Stunden zu erbringen, z.B. als Reaktion auf Verspätungen oder als Ersatz bei Ausfall. Der Rangierdienst lässt sich nur bedingt planen. *(vgl. Berndt 2001, S.16 und S.235ff.; Pachl 2008, S.247)*

Tabelle 3-5: *Produktionsprozess beim Containertransport im Schienengüterverkehr (vgl. Berndt 2001, S.18)*

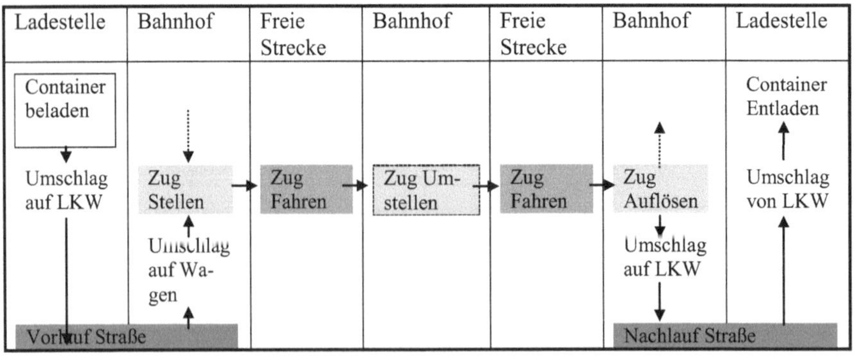

3.2.2.2 Beteiligte

Auf Grund der unterschiedlichen Aufgaben unterteilen sich Eisenbahnunternehmen in zwei Bereiche: Eisenbahnverkehrsunternehmen (EVU) und Eisenbahninfrastrukturunternehmen (EIU). Sie können völlig voneinander getrennt oder in einem Eisenbahnunternehmen integriert sein.

Die EIU sind für das Betreiben der Infrastruktur zuständig, dazu gehören die Schienenwege, die Betriebsleit- und Sicherungssysteme sowie die Fahrplankonstruktion. Die EVU erbringen die Verkehrsleistungen auf der Infrastruktur. Um eine Zugfahrt durchzuführen, bestellt das EVU beim EIU eine Fahrplantrasse. Das EIU koordiniert diese Trassenwünsche im Rahmen der Fahrplankonstruktion und übermittelt anschließend die Fahrpläne an das EVU. *(vgl. Berndt 2001, S.66; Pachl 2007, S.560; Pachl 2008, S.4)*

Auf Grund ihrer Geschichte sind Eisenbahnunternehmen meist Staatsunternehmen und werden durch Behörden geleitet. Im Laufe der letzten Jahre wurden jedoch international Maßnahmen durchgeführt, diese zu privatisieren und das Monopol der riesigen Staatsunternehmen aufzulockern. Das ermöglicht auch privaten Anbietern den Zugang zum Schienengüterverkehr. *(vgl. Schieck 2008, S.299)*

Berndt differenziert für die heutigen Eisenbahnunternehmen folgende drei Organisationsformen:

- zentralgeleitete Eisenbahnunternehmen mit Behördencharakter
- weitgehend an privatrechtliche Strukturen orientierte, zentralgeleitete Eisenbahnunternehmen
- eigenständige, privatrechtliche Eisenbahnverkehrsunternehmen und Eisenbahninfrastrukturunternehmen.
  (vgl. Berndt 2001, S.176)

Die Liberalisierung des Schienengütermarktes hat zu einer verstärkten Arbeitsteilung geführt und so entstanden Unternehmen, die Dienstleistungen im Zusammenhang mit den Schienenfahrzeugen anbieten. Dazu gehören beispielsweise Lokpools, Wagenvermietgesellschaften und Serviceunternehmen. *(vgl. ebenda, S.73)*

Mit dem Versender treten die Eisenbahnunternehmen oder Speditionen in Kontakt. Mitunter haben die Eisenbahnunternehmen Speditionen aufgekauft, um so komplexe Transportketten einschließlich Vor- und Nachlauf sowie weitere Dienstleistungen anbieten zu können, so dass es hier zu Verschmelzungen der Rollen kommt.

Gerade im Kleingut- und Stückgutfrachtverkehr, die für Eisenbahnunternehmen weniger von Interesse sind, haben auch Speditionen eine hohe Bedeutung. *(vgl. Schieck 2008, S.299)*

In der folgenden Abbildung sind die Teilnehmer am Schienengüterverkehr auf Seiten der Anbieter dargestellt.

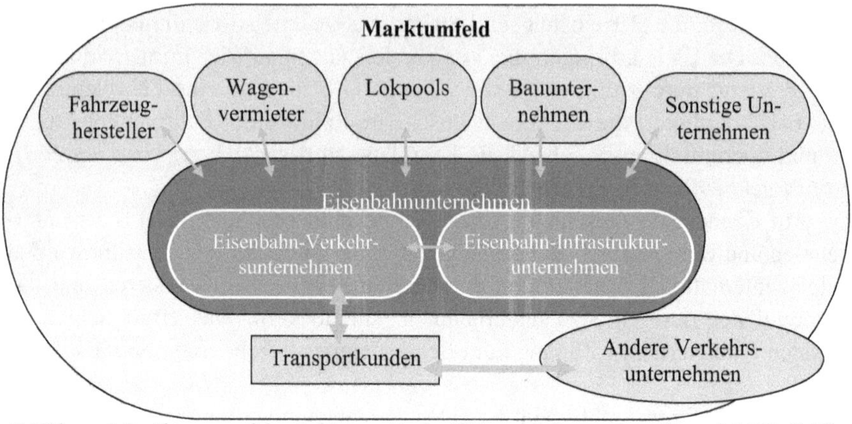

Abbildung 3-9: *Akteure auf der Anbieterseite des Güterverkehrsmarktes (Berndt 2001, S.66)*

Weiterhin gibt es sogenannte Operateure, die Transport- und Umschlagleistungen bei den Eisenbahnunternehmen einkaufen und diese an Speditionen weiterverkaufen. Ihr Angebot richtet sich ausschließlich an Speditionen und nie direkt an den Versender. *(vgl. Frindik 2008, S.742f.)*

3.2.2.3 Vor- und Nachlauf

Verfügen sowohl Versender als auch Absender über einen Gleisanschluss, ermöglicht das einen ungebrochenen Haus-Haus-Transport, Vor- und Nachlauf entfallen. Ist kein Gleisanschluss vorhanden, dient ein Umschlagsbahnhof für den kombinierten Verkehr oder ein Güterbahnhof als Knotenpunkt in einer gebrochenen Transportkette. Prinzipiell ist eine Kombination der Bahn mit allen anderen Verkehrsträgern möglich, praktisch kommt v.a. der LKW zur Bedienung der Fläche zum Einsatz. Gerade kleine oder mittlere Unternehmen haben häufig keinen Gleisanschluss und sind daher auf den LKW im Vor- und/oder Nachlauf angewiesen. Die Organisation kann von einer bahneigenen oder unabhängigen Spedition übernommen werden. *(vgl. Heidmeier, Siegmann 2008, S.744; Bensel 2008, S.222f.; Berndt 2001, S.5f.)*

Durch ein dichteres Gleisnetz, dessen Bahnhöfe auf dem Festland verteilt sind, verkürzen sich die Entfernungen im Vor- und Nachlauf im Vergleich zum Seegüterverkehr, insbesondere dann, wenn sich der Versende- oder Empfangsort im Landesinneren befindet.

3.2.2.4 Rechtliche Grundlagen des Internationalen Schienengütertransportes

Schieck bezeichnet den Schienengüterverkehr als den am stärksten regulierten Verkehrsträger der internationalen Logistik. Das liegt daran, dass die meisten Eisenbahnunternehmen zunächst Behörden waren und damit Teil der staatlichen Verwaltung. Somit beruhen die Regelwerke sowie die Aufgaben, Ablauforganisation und betrieblichen Abläufe auf Gesetzen und sind stark national geprägt. *(vgl. Schieck 2008, S.302)*

Die rechtliche Grundlage des internationalen Schienengüterverkehrs bildet das COTIF[46]. Es hat 44 Mitgliedsstaaten. Auf Grundlage des Abkommens wurde die OTIF[47] mit Sitz in Bern gegründet.

Das erste Abkommen dieser Art trat 1893 in Kraft, die derzeitige Version gilt seit 1985. Es regelt die Verwendung eines durchgehenden Frachtvertrages zwischen dem Absender und allen an der Beförderung beteiligten Eisenbahnen (Durchfrachtvertrag), die Haftung für vermutetes Verschulden bei Verlust oder Beschädigung des Gutes sowie bei Lieferzeitüberschreitung.

Der Anhang B des COTIF betrifft die „Einheitlichen Rechtsvorschriften über die Internationalen Eisenbahnbeförderung“, CIM[48]. Er enthält den CIM-Frachtbrief, der verwendet wird, wenn die Beförderung von Gütern mindestens zwei Mitgliedssaaten berührt. Die beteiligten Eisenbahngesellschaften müssen Warensendungen an der Grenze übernehmen und weiterleiten. Die Eisenbahngesellschaft im Land des Empfängers erhält das gesamte Beförderungsentgelt bis zum Empfänger. Zur Verrechnung von Forderungen und Verbindlichkeiten zwischen den Eisenbahngesellschaften anderer CIM-Vertragsstaaten existiert ein Clearingsystem. *(vgl. Büter 2007, S.224; Burgmann 2002, S.78)*

---

46 Convention Relative aux Transports Internationaux Ferroviares – Übereinkommen über den internationalen Eisenbahnverkehr; der **Anhang 3-7** enthält Übersichten zu den Mitgliedern und dem Inhalt des COTIF.

47 Organisation Intergouvernementale pour les Transports Internationaux Ferroviaires – Organisation für den internationalen Eisenbahnverkehr; COTIF und OTIF werden häufig synonym verwendet.

48 Convention International concernant le Transport des Marchandises par Chemin de Fer

In den ehemals sozialistischen Ländern besteht daneben die „Organisation für die Zusammenarbeit der Eisenbahnen“ (OSShD)[49]. Sie wurde 1956 gegründet und hat ihren Sitz in Warschau. Der OSShD gehören 25 Länder an. Außerdem gibt es 28 angegliederte Unternehmen und sechs Beobachter, darunter die Deutsche Bahn.[50]

Für die Mitglieder gilt das „Abkommen über den internationalen Eisenbahnverkehr“ (SMSG) und der daraus abgeleitete Frachtbrief. Die Hauptaufgabe der OSShD besteht im Ausbau des internationalen Eisenbahnverkehrs zwischen Europa und Asien. *(vgl. Amann 2007, S.38; OSShD 2009, S.4, S.7 und S.31)*

Da der CIM-Frachtbrief und der SMSG-Frachtbrief nicht kompatibel sind, müssen sie an den Grenzen der Abkommen umgeschrieben werden. Dadurch erhöhen sich Aufwand, Kosten, die Rechtsunsicherheit und das Fehlerrisiko.

Um den Grenzübergang zu erleichtern, das Beförderungsniveau zu steigen sowie die Rechtssysteme, die Verkehrskorridore und technische Fahrzeugausrüstung weiter zu entwickeln, arbeiten die OTIF und die OSShD zusammen. 2002 haben sie einen „Gemeinsamen Standpunkt“ verfasst. Seit 2006 existiert ein Einheitsfrachtbrief für den Export, Import und Transit zwischen COTIF- und OSShD-Staaten, der eine Kombination aus CIM- und SMSG-Frachtbrief ist. Er wird im Transportrecht beider Abkommen anerkannt und ist auf festgelegten Relationen anwendbar, zu denen stetig neue dazu kommen. Die Verwendung des CIM/SMSG-Frachtbriefes ermöglicht die Beförderung von Ganzzügen, Container- und Wagengruppen mit einem Transportdokument.

Langfristig soll ein einheitliches Eisenbahnrechtssystem für Asien und Europa entstehen. *(vgl. Amann 2007, S.38; OSShD 2009, S.6, S.16f. und S.33)*

Neben diesen multinationalen Abkommen, denen viele Länder angehören, können auch einzelne Staaten untereinander tarifliche Vereinbarungen aushandeln. Ein Beispiel hierfür ist der „Internationale Eisenbahn-Gütertarif Österreich-UdSSR-Nachfolgestaaten“, SAT, der 1970 zwischen Österreich und der UdSSR abgeschlossen wurde. Nach dem Zerfall der UdSSR gelang es, ihn so anzupassen, dass er auch in den Nachfolgestaaten angewendet werden kann. Er regelt die durchgängige Verwendung eines Frachtbriefes (SAT-Frachtbrief, angelehnt an den SMSG-Frachtbrief) mit einheitlichen Haftungsbestimmungen für den Schienengütertransport zwischen Österreich und den GUS-Staaten, Lettland, Litauen, Estland sowie den Durchgangsverkehr durch Polen, Tschechien, Slowakei und Ungarn. Inhaltlich lehnt sich das Abkommen SAT an das CIM-

---

49 Organisazija Sotrudnitschestwa Shelesnych Dorug; andere Abkürzungen: OSSchD, OSJD, OSZhD

50 Im **Anhang 3-8** befindet sich eine Übersicht zu den Mitgliedern und den Korridoren der OSShD.

und SMSG-Abkommen sowie die österreichische EVO (Eisenbahnverkehrsordnung) an. *(vgl. Frisch 2004, S.1ff.; SAT, Teil I, Artikel 1)*

3.2.2.5 Containerkreislauf

Prinzipiell funktioniert der Containerkreislauf im Schienengüterverkehr genauso wie im Seegüterverkehr. Als Eigentümer an den Containern kommen die Bahngesellschaften, Speditionen, Operateure, Containervermietgesellschaften oder Versender in Frage. In den meisten Fällen gehören die Container jedoch den nationalen Eisenbahngesellschaften.[51]

Die Organisation der Containerkreisläufe übernehmen Speditionen[52], nach deren Möglichkeiten sich das konkrete Angebot richtet.[53]

Als problematisch erweist sich, dass das Netz an Containerterminals im Schienengüterverkehr nicht die Dichte des Netzes der Reedereien erreicht. In Folge müssen Container im Schienengüterverkehr häufiger leer zurück transportiert werden, was sich negativ auf die Kosten auswirkt.[54] *(vgl. Amann 2007, S.44f.)*

Das führt weiterhin dazu, dass es schwieriger ist, Containertransporte in Länder zu organisieren, die nicht über eigene Häfen verfügen.

3.2.3 Transportmittel und Infrastruktur

3.2.3.1 Eisenbahntechnik

Eisenbahnen sind Verkehrsmittel zur Beförderung von Personen und/oder Gütern, die auf zwei eisernen Schienen laufen. Um einen Eisenbahnzug zu bilden, werden eine größere Anzahl Wagen mit einem Triebfahrzeug verbunden. *(vgl. Pachl 2008, S.4)*

Als **Triebfahrzeuge** dienen Lokomotiven mit der Aufgabe, die geforderte Zug- und Bremskraft aufzubringen und den Zug mit der notwendigen Energie zu versorgen.

---

51 Information von Logwin Air + Ocean Project GmbH

52 Dabei kann es sich auch um Tochterunternehmen der Eisenbahngesellschaften handeln, nicht jedoch um die Eisenbahnverkehrsunternehmen, die reinweg für die Zugfahrt zuständig sind.

53 Information von LOXX Holding GmbH

54 Bei der Transsibirischen Eisenbahn machen Transporte von Leercontainern 30% der Containerbewegungen aus. Die Unpaarigkeit der Verkehre verschärft das Problem, vor allem bei Transporten zwischen China und Europa, wo das Verhältnis 2004 9:1 betrug. Sollte sich die Transsibirische Eisenbahn im Transit etablieren, wird mit einem Anstieg der Leercontainertransporte gerechnet. *(vgl. Amann 2007, S.45)*

Nach der Art des Antriebes werden sie unterteilt in Lokomotiven mit Diesel- oder Elektromotoren sowie Dampflokomotiven, die allerdings an Bedeutung verloren haben. Daneben existieren noch Kleinlokomotiven, die sich durch eine geringere Leistung und eine geringere Höchstgeschwindigkeit unterscheiden. In Europa kommen vorwiegend Drehstromlokomotiven zum Einsatz. Weitere Einteilungen können nach der Motorleistung, dem Gewicht sowie der Anzahl und Folge der Lauf- und Treibachsen erfolgen.

Lokomotiven werden zum einen für den Transport auf der Strecke eingesetzt. In diesem Fall müssen sie in der Lage sein, Züge bis zu einer bestimmten Länge und mit einem bestimmten Maximalgewicht zu fahren. Sie müssen die Anfahr- und Bremsvorgänge beherrschen und über einen längeren Zeitraum mit hoher Geschwindigkeit fahren können. Außerdem benötigen sie entsprechende Sicherungs-, Informations- und Kommunikationseinrichtungen.

Andere Anforderungen werden an Lokomotiven, die beim Rangieren zum Einsatz kommen, gestellt. Diese Prozesse zeichnen sich durch häufiges Anfahren und Abbremsen unter Last und durch relativ niedrige Geschwindigkeiten aus.[55] Die hierfür eingesetzten Lokomotiven haben niedrigere Höchstgeschwindigkeiten und eine geringere Leistung als die Streckenlokomotiven.

Lokomotiven benötigen erhebliche Eigenmassen, um die Leistung der Motoren in Vortriebskräfte umzusetzen.[56] *(vgl. Wöhl 2000, S.431; Schieck 2008, S. 293; Berndt 2001, S.135f.)*

Güterwagen können grob eingeteilt werden in:

- gedeckte Güterwagen
- offene Güterwagen
- Flachwagen
- Spezialwagen, die auf die Merkmale der Transportgüter abgestimmt sind (z.B. Kühlwagen für verderbliche Güter oder Kesselwagen für Mineralölprodukte oder Chemikalien).

Gedeckte Güterwagen haben für gewöhnlich eine kastenförmigen Laderaum, ein Tonnendach, Holzfußboden und Seitenwände mit Lade- und Lüftungsklappen. Sie werden v.a. für witterungsempfindliche Stückgüter eingesetzt.

Offene Güterwagen kommen bei witterungsunempfindlichen Massen- oder Stückgütern zum Einsatz. Sie verfügen über einen kastenförmigen Laderaum mit Stirn- und Seitenwänden aus Stahl, der oben offen ist.

55 Bei der Deutschen Bahn beispielsweise maximal 25km/h *(vgl. Pachl 2008, S.16)*

56 Auf der Eurasischen Landbrücke werden besonders lange und schwere Züge teilweise von mehreren Lokomotiven gezogen

Flachwagen haben kein Dach und keine Seitenwände, aber sie können mit Vorrichtungen zur Ladungssicherung ausgestattet werden. Mit Hilfe sogenannter Borden können beispielsweise Eisen- und Stahlerzeugnisse oder Maschinen befördert werden. Rungen sind für den Transport von großvolumigen Gütern oder Langgütern, wie Hölzern, Rohren, Stahlkonstruktionen oder auch PKW vorgesehen.

Auch Container werden mit Hilfe von Flachwagen transportiert. Ihre Abmessungen orientieren sich am Modulsystem der Container. Ein besonders verbreiteter Typ für Container ist der Plattform- oder Skeletttragwagen. Mit einer Länge von 18,3m kann er bis zu drei 20'-Container befördern, einen 20'- und einen 40'-Container, verschiedene Wechselbehälter oder einen 45'-Container. Auch die Fahrzeuge der Transsibirischen Eisenbahn können bis zu drei Container hintereinander transportieren.

Für die anderen Ladeeinheiten des Kombinierten Verkehrs existieren besondere Ausführungen der Flachwagen, z.B. Niederflurwagen für Glieder- oder Sattelzüge der rollenden Landstraße oder Taschenwagen für Sattelanhänger. *(vgl. Wöhl 2000, S.435f.; Schieck 2008, S.293ff.; Berndt 2001, S.27; Frindik 2008, S.740)*

Als Eigentümer der Güterwagen kommen Eisenbahnverkehrsunternehmen (sie können die eigenen Waggons oder die anderer Eisenbahnverkehrsunternehmen nutzen), die Verlader aus der Industrie oder Wagenvermietgesellschaften in Frage.[57] *(vgl. Berndt, S.143)*

Sind die Wagen nur für einen bestimmten Einsatzbereich, Pendelverkehre o.ä. vorgesehen, wird von nicht freizügig einsetzbaren Wagen gesprochen. Gerade bei internationalen Verkehren besteht jedoch das Interesse daran, die Wagen freizügig einzusetzen. Dafür sind vertragliche Reglungen zum Wagenaustausch notwendig.[58] *(vgl. ebenda, S.147)*

Die **Tabelle 3-6** zeigt die Grundelemente von Güterwagen und Triebfahrzeugen.

Das wichtigste Unterscheidungsmerkmal zu anderen Verkehrsmitteln stellt das Laufwerk dar. *(vgl. Wöhl 2000, S.463)*

---

57 Von den bei DB Schenker eingesetzten Güterwagen sind beispielsweise etwa 101.000 eigene Wagen, 4.000 geleaste und 73.000 sind Güterwagen fremder Halter. Außerdem vermietet DB Schenker etwa 11.000 Güterwagen. Aus dem Vergleich zum Vorjahr ergibt sich, dass der Anteil eigener Güterwagen sinkt, während der Anteil geleaster, gemieteter und vermieteter Wagen steigt. *(vgl. DB Schenker 2010)*
Der russische Güterwagenpark besteht aus über 900.000 Wagen, wovon sich 60% im Eigentum der RZD befinden. *(vgl. Amann 2007, S.35)*

58 beispielsweise in Europa das RIV – Regolamento Internazionale Veicoli

Tabelle 3-6: *Grundelemente eines Schienenfahrzeuges am Beispiel eines gedeckten Güterwagens (Wöhl 2000, S.425f.)*

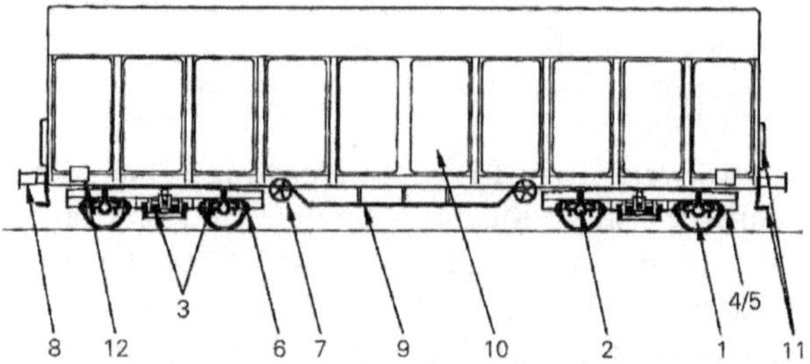

Baugruppe	Nr.	Bauteil	Aufgaben
Güter- und Reisewagen sowie Triebfahrzeuge			
Laufwerk	1	Radsatz	Lauf der Schiene, Führung des Fahrzeuges im Gleis, Übertragung der Fahrzeugmasse auf das Gleis, Übertragung von Brems- und Antriebskräften auf das Gleis
	2	Radsatzlager	Umwandlung der Radrotation in Fahrzeugtranslation, Übertragung aller horizontalen und vertikalen Fahrzeugkräfte aus Fahrzeuglauf und Zugförderung
	3	Federung	Minderung der Stöße vertikal und horizontal quer, Erzielung eines guten Fahrzeuglaufs, Ausgleich von Schienenunebenheiten (Entgleisungssicherheit)
	4	Radsatzanlenkung	Übertragung der vertikalen und horizontalen Kräfte vom Radsatzlager auf den tragenden Verband, Herstellung einer definierten Längs- und Querfederung des Radsatzes;
	5	Drehgestellanlenkung	Übertragung von Längs-, Quer- und Vertikalkräften zwischen Laufwerk und tragendem Verband, Schlingerdämpfung
Bremse	6	Druckluftbremse	Geschwindigkeit des Fahrzeugs in bestimmten Grenzen oder bis zum Stillstand verringern, Gefällebremsung (Geschwindigkeit konstant halten), Fahrzeug im Stillstand sichern
	7	Handbremse, Feststellbremse	Fahrzeug im Stillstand sichern
		Notbremse	Geschwindigkeit des Fahrzeugs bis zum Stillstand „schnellstmöglich" verringern
Zug- u.	8	Seitenpuffer und	Aufnahme und Übertragung von Kräften, die aus

Stoßeinrichtung		Zugeinrichtungen oder Mittelpufferkupplung	Zugbildung und Zugförderung resultieren, Dämpfung von betriebsbedingten Längsstößen und Längsschwingungen innerhalb des Zugverbandes
Fahrzeugkasten	9	Tragverband, Rahmen	Gewährleistung der Sicherheit für Fahrgäste, Ladung und Personal durch festigkeitsmäßige Auslegung für alle aus Zugbildung , Zugförderung, Be- und Entladung sowie Instandhaltung resultierende Kräfte
	10	Nichttragende Aufbauten	Gemeinsam mit Tragverband: Witterungsschutz und Lärmabwehr; Gestaltung entsprechend der Aufgabenstellung des Fahrzeuges
Ausrüstung	11	Rangiertritte und –griffe, Signalstützen, Türverriegelung, Seilhaken, Aufstiege, Geländer	Gewährleistung der Sicherheit für Betriebsführung und Instandhaltung, notwendige Hilfsfunktion
	12	Zettelhalter, Wagenlaufschilder, Anschriften	Kennzeichnung des Fahrzeuges, betriebsorganisatorische Mitteilungen

Die Größe von Zügen wird zum einen durch die Zuglänge eingeschränkt. Sie wird in Metern oder in der Anzahl der Achsen angegeben und kann sich von Land zu Land unterscheiden. Während in Deutschland beispielsweise maximal 700m oder 25 Achsen zulässig sind, erlauben Russland oder die USA erheblich längere Züge.

Zum anderen gibt es Vorgaben bezüglich der Radsatzlast. Diese für die Beladung der Fahrzeuge und die Gestaltung von Bahnanlagen wichtige Größe gibt an, welcher Anteil des Gesamtgewichtes eines Zuges bei Stillstand auf einen Radsatz entfallen darf. *(vgl. Berndt 2001, S.52ff.)*

3.2.3.2 Schienennetz

Für die Infrastruktur des Schienengüterverkehrs wird der Begriff Bahnanlagen verwendet, der jedoch sehr weit gefasst ist. Dazu gehören Anlagen der Fahrzeugunterhaltung, der betrieblichen und verkehrlichen Zwecke, Informations- und Kommunikationsanlagen, Signal- und Sicherungsanlagen, Bahnenergieanlagen, Bauwerke, Gleisanlagen der freien Strecke und der Bahnhöfe, sonstige Anlagen sowie alle dazugehörigen Grundstücke. *(vgl. Berndt 2001, S.81f.)*

Von diesen Bahnanlagen sind die Gleisanlagen, die Signal- und Sicherungsanlagen sowie die Bahnenergieanlagen (sofern die Strecke elektrifiziert ist) Teile des Schienennetzes.

Verbunden werden die einzelnen Fahrspuren durch Weichen, Kreuzungen und Kreuzungsweichen. *(vgl. Schieck 2008, S.289)*

Die Unterschiede bei der Bahn zu anderen Verkehrsträgern ergeben sich aus ihrer Bindung an das Schienennetz. Es stellt die Grundlage des Schienengüterverkehrs dar, da nur dort gefahren werden kann, wo Gleise existieren. Damit bestimmt es auch dessen Kapazität.

Das Schienennetz wird ausschließlich von professionellen Verkehrsunternehmen befahren. Das wirkt sich positiv auf die Sicherheit aus, zusätzlich gelten hohe Sicherheitsstandards. Die Benutzung wird vorher geplant, teilweise beträgt der Planungsvorlauf mehrere Monate. Es existieren zwar auch Bedarfs- und Charterverkehre, aber beim überwiegenden Anteil handelt es sich um Linienverkehre.

Auf dem Schienennetz gibt keinen Individualverkehr wie beispielsweise auf der Straße, wo der Gesamtverkehr die Summe aller Individualverkehre ist, die wiederum von den jeweiligen Transportunternehmen oder sonstigen Verkehrsteilnehmen selbstständig und unabhängig voneinander geplant werden.

Beim Schienengüterverkehr handelt es sich dennoch um einen Mischverkehr durch die unterschiedlichen Anforderungen z.B. hinsichtlich Geschwindigkeit und Masse. In den meisten Ländern werden die gleichen Strecken sowohl für die Personenbeförderung als auch für den Güterverkehr genutzt, wobei der Personenverkehr für gewöhnlich Vorrang hat. Auch in Russland stellt der innerrussische Personen- aber auch Güterverkehr Konkurrenz für den Transitverkehr auf der Transsibirischen Eisenbahn dar.

Als Konsequenz der genannten Besonderheiten ergeben sich im Schienengüterverkehr hohe Kosten im Vergleich zum Straßengüterverkehr. *(vgl. Berndt 2001, S.5, S.245 und S.248; Schieck 2008, S.288; Amann 2007, S.32)*

Durch die geringe Reibung zwischen Schienen und Rädern benötigen Züge bei mittlerer bis hoher Geschwindigkeit so lange Bremswege, dass die Sicht bis zum Gefahrenpunkt nicht gegeben ist.[59] Daher werden sie von außen gesteuert, wofür Zugsteuerungs-, Zugsicherungs- und Signalsysteme erforderlich sind. Das Prinzip beruht darauf, die Strecke in sogenannte Blockabschnitte einzuteilen, in denen sich jeweils nur ein Zug befinden darf. Überwachungssysteme kontrollieren, ob der vorherige Zug den Bereich verlassen hat, bevor sie ihn für den nächsten frei geben. Bei drohenden Gefahren können sie den Zug durch Anlagen zur Zwangsbremsung anhalten. Die Länge eines Blockabschnittes ergibt sich aus der maximal zulässigen Zuglänge und dem Bremsweg. Wenn Züge unterhalb der

---

59 Die Reibung zwischen Rad und Untergrund ist etwa achtmal kleiner als im Straßenverkehr. Pachl errechnet für einen Zug mit einer Geschwindigkeit von 160km/h einen Bremsweg von rund 1000m. *(vgl. Pachl 2008, S.1f.)*

Höchstgeschwindigkeit fahren, tritt eine unnötige Einschränkung der Streckenkapazität ein. (*vgl. Berndt 2001, S.208f.; Schieck 2008, S.289)*

Gleisanlagen werden eingeteilt in Hauptgleise, die regelmäßig planmäßig von Zügen durchfahren werden, und Nebengleise, zu denen alle anderen gehören. *(vgl. Berndt 2001, S.82)*

Für die Gestaltung der Gleisanlagen sowie der Signal- und Sicherungsanlagen ist eine Vielzahl von Vorgaben einzuhalten. Sie betreffen:

- die Spurweiten
- die zulässigen Gleisabstände
- die maximale Gleisneigung
- den Regellichtraum (auch Lichtraumprofil)
- die zulässigen Radien der Gleisbogen
- den Streckenblock und die Zugbeeinflussung
- die Signale und Weichen
- die Fernmeldeanlagen
- die Gestaltung von Bahnübergängen, höhengleichen Kreuzungen, Bahnsteigen und Rampen
- die Belastbarkeit des Oberbaus und der Bauwerke
- die Überwachung der Anlagen.
  (vgl. ebenda, S.83)

„Die Spurweite ist das lichte Maß zwischen den Schienenköpfen eines Gleises […].“ Bei 64% der Eisenbahnstrecken weltweit, unter anderem in den meisten europäischen Ländern und in China, beträgt sie 1435mm und wird als Normalspur bezeichnet. Daneben existieren allerdings noch andere Spurweiten, beispielsweise die Breitspur der russischen und zentralasiatischen Eisenbahnen mit 1520mm. *(Wöhl 2000, S.425ff.)*

Der Regellichtraum ist der zum Gleis gehörende Raum, der frei zu halten ist und in den keine baulichen Anlagen, feste oder lagernde Gegenstände hereinragen dürfen. Dazu gehört der Raum, den das Fahrzeug für einen gefahrenlosen Betrieb benötigt, wobei alle Bewegungen der Fahrzeuge und Unregelmäßigkeiten der Gleisanlage beachtet werden müssen[60], sowie zusätzliche Räume für bauliche und betriebliche Zwecke. Er ist für den Bau der Bahnanlagen von Bedeutung, daneben gibt er aber auch die maximalen Abmessungen der Schienenfahrzeuge vor, da die innerhalb des Regellichtraums geltenden Fahrzeugbegrenzungslinien von keinem Teil des Fahrzeuges oder seiner Ladung überschritten werden dürfen. *(vgl. Berndt 2001, S.56; Wöhl 2000, S.428)*

---

60 z.B. ist er im Bereich der Gleisbogen größer gefasst als bei geraden Gleisen

In den einzelnen Ländern sind Größen wie die Spurbreite oder der Regellichtraum jedoch unterschiedlich festgelegt, was grenzüberschreitende Eisenbahntransporte behindert. *(vgl. Berndt 2001, S.56)* Ebenfalls unterschiedlich sind die Signal- und Sicherungstechnik, die Fahrdrahtsysteme, elektrische Spannung und Stromfrequenz sowie die Informationssysteme (innerbetrieblich und für die Kunden).[61] Weiterhin kommt erschwerend hinzu, dass die Fahrzeuge zunächst nur national zugelassen werden und für jedes Netz einzeln qualifiziert werden müssen.

Die Unterschiede ergeben sich daraus, dass die Eisenbahnsysteme Ende des 19. Jahrhunderts als nationale Netze konzipiert wurden. Um eine militärische Nutzung durch andere Länder im Konfliktfall auszuschließen, wurden bewusst unterschiedliche technische Lösungen angewandt. *(vgl. Seidelmann 2002, S.190)*

Um den grenzüberschreitenden Eisenbahngüterverkehr dennoch zu ermöglichen, werden beispielsweise Mehrsystemlokomotiven eingesetzt. Da es durch die großen Unterschiede technisch nicht möglich ist, eine Bahn für alle Systeme zu bauen, werden die Mehrsystemlokomotiven für ausgewählte wichtige Verkehrsrelationen entwickelt. Parallel wird beispielsweise in Europa versucht, die Schieneninfrastruktur sukzessiv anzugleichen. *(vgl. Wöhl, Geyer 2002, S.300)*

International werden Schienennetze nach ihrer Belastbarkeit in sogenannte Streckenklassen eingeteilt. Die Hauptstrecken des europäischen Netzes gehören z.B. der höchsten Streckenklasse an. Weltweit existieren etwa 1,3 Mio. km Bahnstrecken. Das längste Schienennetz hat die USA mit 231.000km, gefolgt von Russland mit 85.500km, Indien mit 63.200km und China mit 61.000km. *(vgl. Schieck 2008, S.289f.)*

3.2.3.3 Bahnhöfe und Umschlag

Bahnhöfe werden im deutschsprachigen Raum als Bahnanlagen definiert, die mindestens eine Weiche haben und wo Züge beginnen, enden oder ausweichen dürfen. *(vgl. Pachl 2007, S.562)*

Auf Bahnhöfen werden Sendungen angenommen und ausgeliefert, Dienstleistungen angeboten und Kunden informiert. Weitere Aufgaben aus betrieblicher Sicht sind:

- Sammeln und Verteilen von Wagen
- Bilden und Auflösen von Zügen
- Beginnen und Enden von Zügen
- Bespannen von Zügen

61 Um die Komplexität zu verdeutlichen befindet sich m **Anhang 3-9** eine Übersicht über die unterschiedlichen in Europa zur Anwendung kommenden Systeme.

- Ändern der Reihenfolge von Zügen.
  (vgl. Berndt 2001, S.211)

Spezielle Bahnhöfe gibt es für das Rangieren. Sie befinden sich meistens außerhalb der großen Eisenbahnknoten, da sie einen enormen Flächenbedarf haben und daher zu den größten Bahnanlagen gehören.[62]

Generell gibt es drei verschiedene Rangierverfahren.

Beim Umsetzverfahren wird die Rangierlok an die Wagen gekoppelt. Für jede der sehr komplexen Bewegung ist eine Rangierfahrt nötig. Im Ergebnis ist das Verfahren sehr aufwendig, beansprucht viel Zeit und hat eine relativ geringe Leistungsfähigkeit.

Beim Abstoßverfahren werden die Wagen nicht mit dem Triebfahrzeug gekoppelt. Die Lok schiebt die Wagen und beschleunigt sie soweit, dass sie alleine weiter rollen, wenn das Triebfahrzeug anhält. Zwischen den Abstoßvorgängen werden die Weichen der Gleise so umgestellt, dass die Wagen in das gewünschte Zielgleis rollen. Dieses Verfahren erreicht zwar eine höhere Leistungsfähigkeit, allerdings ist der Personalaufwand relativ hoch.

Am weitesten verbreitet ist das Ablaufverfahren. Dafür ist ein sogenannter Ablaufberg erforderlich (siehe **Abbildung 3-10**). An den entsprechenden Stellen werden die Waggons oder Wagengruppen entkoppelt. Dann schiebt sie eine Rangierlok bis zur Bergkuppe hoch. Sobald die Wagen den sogenannten Brechpunkt passiert haben, rollen sie durch ihre eigene potentielle Energie über die Gefällstrecke des Ablaufberges auf ein vorgesehenes Gleis. Dabei passieren sie eine Weiche, die zwischen den einzelnen Wagengruppen umgestellt wird, um sie so zu unterschiedlichen Richtungsgleisen zu leiten. Diese Richtungsgleise dienen als Zwischenspeicher, in denen die Wagen für neu zusammenzustellende Züge gesammelt werden. Dieses Verfahren erreicht die höchste Leistungsfähigkeit, da es den höchsten Grad an Automatisierung[63] sowie kurze Wagenfolgezeiten erlaubt.

Teilweise erfolgt das Sortieren der Wagen sowohl nach Richtung als auch innerhalb der zu bildenden Züge. In diesem Fall besteht entweder die Möglichkeit, die Wagen zunächst über den Ablaufberg nach Richtung zu sortieren und anschließend eines der anderen Verfahren anzuwenden, oder die Wagen werden zunächst nach Wagengruppen über den Ablaufberg sortiert und anschließend ein zweites Mal nach Richtungen.

Beim Ablauf- und Abstoßverfahren kommt es zu sogenannten Rangierstößen. Sie gelten als die höchste Belastung beim Schienengüterverkehr. Aus die-

---

62 Pachl spricht von teilweise über hundert parallelen Gleisen.

63 beispielsweise eine automatische Weichenstellung oder funkgesteuerte Abdrücklokomotiven

sem Grund sind nicht alle Güter oder Wagen für das Ablaufen oder Abstoßen zugelassen, sondern müssen umgesetzt werden. *(vgl. Berndt 2001, S.88, S.104 und S.214ff.; Pachl 2008, S.260.f und 266f.)*

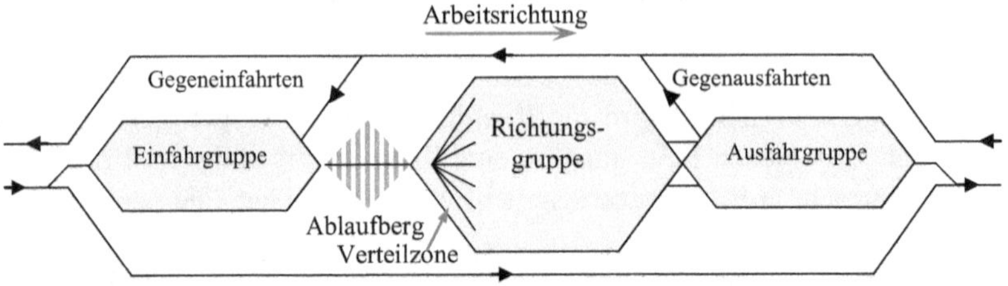

***Abbildung 3-10:** Schematischer Aufbau eines Rangierbahnhofes mit Ablaufberg (Pachl 2008, S.263)*

Für den Umschlag der Ladeeinheiten des Kombinierten Verkehrs existieren spezielle Umschlagbahnhöfe. Sie verfügen über die erforderliche Technik für den Übergang auf andere Transportmittel, wie Hubwagen, Stapler oder Rampen für die „Rollende Landstraße". Die Brücken- oder Portalkrane mit Spreadern für Container überspannen mehrere Gleise und Fahrstraßen.

An Umschlagbahnhöfe werden zusätzliche Anforderungen gestellt. Sie benötigen eine gute Anbindung an alle relevanten Verkehrsträger, v.a. an den Straßengüterverkehr. Außerdem werden verschiedene Verkehrsanlagen für den Umschlagprozess sowie die Zu- und Abfuhr beansprucht. Für Straßenfahrzeuge sind das Ein- und Ausfahrtbereiche, Parkspuren, Ladespuren, Lagerflächen, Fahrspuren und sonstige Flächen, z.B. zum Wenden. Verkehrsanlagen der Eisenbahninfrastruktur sind Anschlussgleise zur Anbindung an das Streckennetz, Ein- und Ausfahrgruppen, Umschlaggleise und sonstige Gleise. Ferner werden Flächen zur Zwischenlagerung der Ladeeinheiten benötigt. *(vgl. Berndt 2001, S.88f. und S.118f.; Schieck 2008, S.297; Frindik 2008, S.739)*

Abbildung 3-11 zeigt das Layout eines Terminals für den Kombinierten Verkehr.

Wenn Güterzüge für Containertransporte neu zusammengestellt werden, ist es sowohl möglich, die Container umzuschlagen, als auch sie auf den Wagen zu belassen und diese durch Rangierverfahren umzusetzen. Je nachdem, welches der beiden Verfahren zum Einsatz kommt, ist der Rangieraufwand gering oder hoch. *(vgl. Berndt 2001, S.49)*

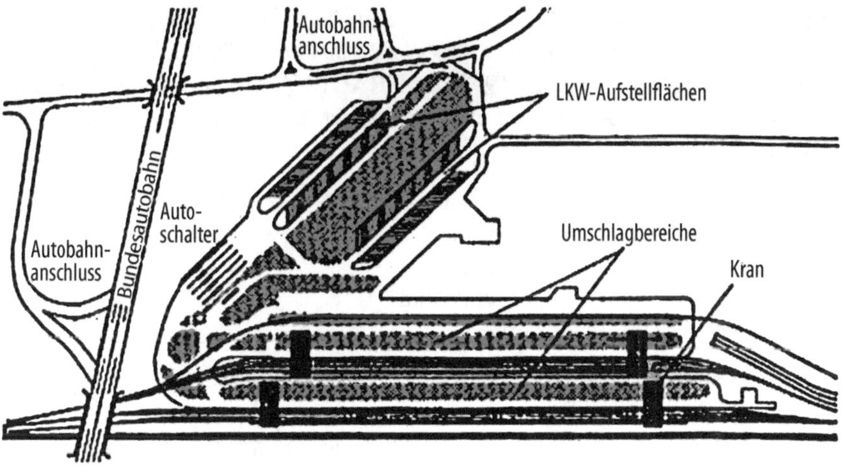

Abbildung 3-11: Layout eines Terminals für den Kombinierten Verkehr (Schieck 2008, S.292)

3.2.4 Die Eurasische Landbrücke

Bei der Eurasischen Landbrücke handelt es sich nicht um nur eine Transportstrecke zwischen Asien und Europa sondern vielmehr um ein Netz aus internationalen Transportkorridoren für verschiedene Verkehrsträger sowie intermodale Lösungen. Auf Grund der hohen Bedeutung der innereurasischen Transporte und dem steigenden Interesse an Landtransporten zwischen Europa und Ostasien, speziell China, haben verschiedene Akteure Projekte gestartet, um potentielle Transportkorridore zu identifizieren, zu fördern und auszubauen. Teilweise betreffen diese Projekte nur einen Teilabschnitt der Eurasischen Landbrücke, teilweise betreffen sie die komplette Strecke vom Pazifik bis zum Atlantik. Dabei sind die einzelnen Projekte zumeist unabhängig voneinander und überlappen sich mitunter.

Es konnten fünf größere Projekte identifiziert werden. Sie sollen hier jedoch nur kurz erwähnt werden, um anschließend die sich aus den Projekten ergebenden Transportkorridore von China nach Europa genauer vorzustellen.

Die EU ist der Initiator zweier Transportprojekte auf der Eurasischen Landbrücke.

Bei den **Paneuropäischen Verkehrskorridoren** handelt es sich um zehn Hauptverkehrsverbindungen, die 1994 auf einer Konferenz identifiziert wurden.[64] Sie stellen die optimalen Verkehrsverbindungen zwischen Westeuropa und dem Baltikum, dem europäischen Teil der GUS (Moskau, St. Petersburg,

64 siehe Karte im **Anhang 3-10**

Minsk, Lviv, Kiew), den Häfen am Schwarzen Meer (Odessa, Constanta, Varna) und der Türkei (Istanbul) dar. *(vgl. Emerson, Vinokurov 2009, S.7)*

Weiterhin gründete die EU 1993 das **TRACECA**-Projekt (Transport Corridor Europe Caucasus Asia) zusammen mit diesen europäischen und asiatischen Ländern:

- Armenien
- Aserbaidschan
- Bulgarien
- Georgien
- Kasachstan
- Kirgisistan
- Moldawien
- Rumänien
- Tadschikistan
- Türkei
- Turkmenistan
- Ukraine
- Usbekistan.

Mit einbezogen, aber keine Teilnehmer, sind außerdem der Iran und Afghanistan.

Das Projekt verbindet die Länder Zentralasiens und soll die wirtschaftliche und politische Zusammenarbeit mit der EU stärken. Es handelt sich nicht nur um einen einzelnen Transportkorridor sondern vielmehr um ein regionales Netzwerk multimodaler Transportstrecken. Dazu gehört sowohl der Schienengüterverkehr als auch Straßengüterverkehr, Fährverkehr und Luftfracht.[65] *(vgl. TRACECA 2006)*

Das 1997 gegründete **CAREC**-Programm (Central Asian Regional Economic Cooperation) investiert in Hauptverkehrsprojekte in Zentralasien. Die Teilnehmer des CAREC-Programmes sind Afghanistan, Aserbaidschan, die Volksrepublik China, Kasachstan, Kirgisistan, die Mongolei, Tadschikistan und Usbekistan. Unterstützung erhält das Projekt vor allem von China und der Asian Development Bank. Die Investitionen konzentrieren sich auf sechs Verkehrskorridore. Teilweise überscheiden sie sich mit dem TRACECA-Projekt, ferner enthalten drei der Korridore Eisenbahnverbindungen zwischen China und Russland.[66] *(vgl. Emerson, Vinokurov 2009, S.8; CAREC Institut 2009)*

Weitere Verkehrsprojekte, die sich jeweils mit der Schaffung durchgehender Korridore zwischen Asien und Europa befassen, sind die TAR und die EurAsEC-Transportkorridore.

Die **TAR** (Trans-Asian Railway) ist ein Projekt der UNESCAP[67], einem Bereich der UN, der sich mit der Entwicklung der Regionen Asiens und des Pazifiks befasst. Für die TAR wurden vier verschiedene Eisenbahnkorridore auf dem eurasischen Festland ermittelt, von denen der sogenannte Nordkorridor die Ver-

---

65 siehe Karte im **Anhang 3-11**

66 siehe Karte im **Anhang 3-12**

67 United Nations Economic ans Social Commission for Asia and the Pacific – Wirtschafts- und Sozialkommission für Asien und den Pazifik der Vereinten Nationen

bindung zwischen China, Kasachstan, der Mongolei, Russland und der koreanischen Halbinsel darstellt.[68] *(vgl. UNESCAP 2010; Heaney 2006)*

Die 2000 gegründete **EurAsEC**[69] setzt sich als eines ihrer Hauptziele für die Koordination der Transportsysteme ihre Mitgliedsstaaten, einschließlich der eurasischen Eisenbahnkorridore, ein. Neben den Hauptakteuren Russland und Kasachstan zählen weiterhin Weißrussland, Kirgisistan und Tadschikistan dazu. Die EurAsEC steht der Eurasian Development Bank nahe. *(vgl. Emerson, Vinokurov 2009, S.7)*

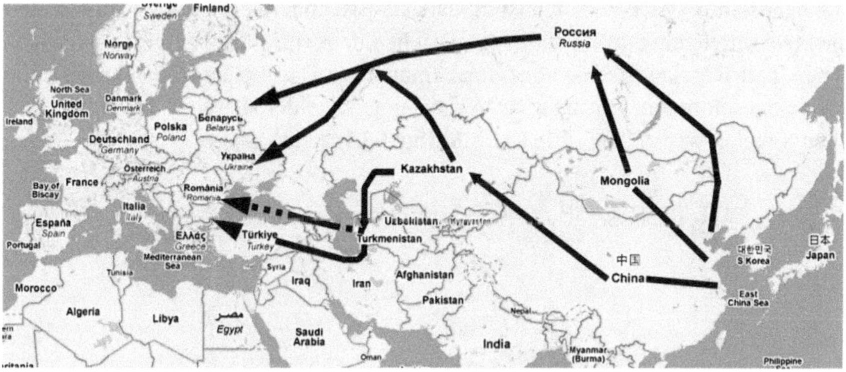

Abbildung 3-12: *Überblick über den Verlauf der Eisenbahnkorridore auf der Eurasischen Landbrücke (selbst erstellt, Karte: http://maps.google.de/maps?hl=de&tab=wl (Zugriff: 15.09.2010))*

Zusammenfassend beginnen die Transportkorridore von China nach Europa an der Pazifikküste Chinas. Von dort verlaufen sie entweder direkt nach Russland bzw. durch die Mongolei (Transmongolische Eisenbahn) nach Russland und folgen dann der Transsibirischen Eisenbahn. Eine dritte Möglichkeit besteht in dem Verlauf von der chinesischen Ostküste über den chinesischen Abschnitt der Neuen Eurasischen Landbrücke nach Kasachstan. Von Kasachstan aus besteht ebenfalls ein Anschluss nach Russland zur Transsibirischen Eisenbahn.

Alternativ führen südlichere Routen von Kasachstan aus durch die zentralasiatischen Länder. Dafür kommen verschiedene Strecken in Betracht, die alle Teil des TRACECA-Projektes sind.

Für den weiteren Transport bestehen (je nach dem vorhergehenden Streckenverlauf) über Russland, die Ukraine, Rumänien, Bulgarien oder die Türkei

68 siehe Karten im **Anhang 3-13** und **3-14**

69 EurAsian Economic Community – Eurasische Wirtschaftsgemeinschaft

Anschlüsse an das europäische Schienennetz (durch die Paneuropäischen Verkehrskorridore).

Im Folgenden werden zunächst die Transsibirische Eisenbahn und die Neue Eurasische Landbrücke als wichtige Streckenabschnitte der Eurasischen Landbrücke vorgestellt und anschließend die fünf möglichen Eisenbahntransportkorridore kurz geschildert.

3.2.4.1 Die Transsibirische Eisenbahn

Die Transsibirische Eisenbahn ist die längste Eisenbahnverbindung weltweit und die erste durchgehende Verbindung zwischen dem europäischen und dem asiatischen Teil Russlands. Der vom Staat finanzierte Bau begann 1891 und wurde 1905 abgeschlossen. Der heutige Verlauf unterscheidet sich von der ursprünglichen Strecke, wie in der Karte (**Abbildung 3-13**) sichtbar ist.

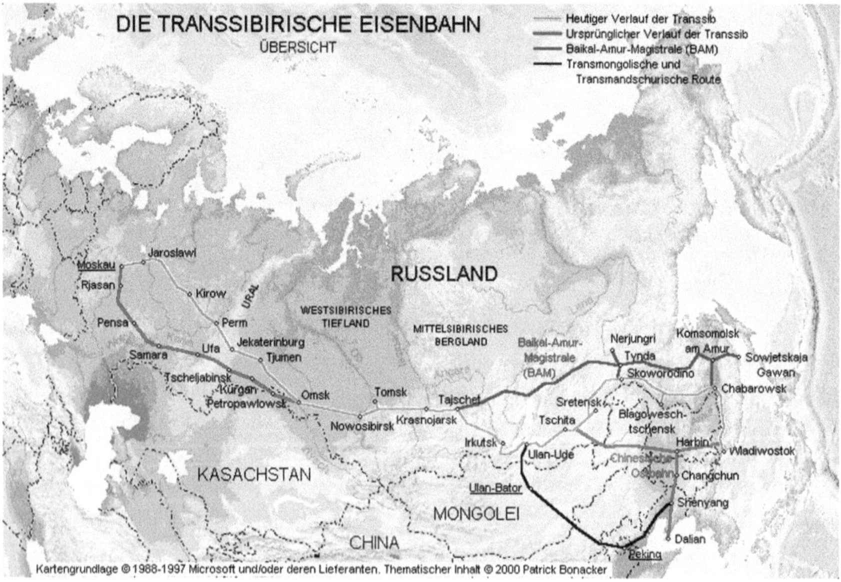

Abbildung 3-13: Verlauf der Transsibirischen Eisenbahn (http://www.trans-sib.de/Map/transsib.gif (Zugriff: 29.06.2010); farbig auf CD)

Aus politischen Gründen verlief die Transsibirische Eisenbahn zunächst durch die Mandschurei bis Wladiwostok. Nach dem Russisch-Japanischen Krieg (1904-1905) wurde diese sogenannte Chinesische Osteisenbahn jedoch durch eine neue Strecke auf russischem Territorium ersetzt. Die neue Amur-Linie wurde 1916 fertig gestellt. Der Bau der Transsibirischen Eisenbahn diente vor allem der militärischen Sicherung des asiatischen Teils Russlands, der landwirtschaftlichen und industriellen Entwicklung Sibiriens sowie der Besiedlung der Region.

In den dreißiger Jahren wurde mit dem Bau der Baikal-Amur-Magistrale (BAM) begonnen, sie wurde jedoch erst 2003 komplett fertig gestellt. *(vgl. Amann 2007, S.19ff.; Sigachyov 2001)*

Die Transsibirische Eisenbahn ist, die 8,5km lange Amur-Brücke ausgenommen, entlang der gesamten Strecke zweigleisig und seit 2002 auch vollständig elektrifiziert. Auf der Strecke wurden schwere Stahlbetonschschwellen verlegt sowie eine automatische Zugüberwachung, Streckenblockierung und -fernsteuerung installiert. Entlang der gesamten Strecke gibt es Glasfaserkabel, die in ein satellitengestütztes Kommunikationssystem eingebunden sind, um die Zugfahrten in Echtzeit zu überwachen. Die Transsibirische Eisenbahn kann auch unter extremen Belastungen betrieben werden. Damit ist sie die technisch am meisten entwickelte Eisenbahnroute in Russland.

Die Länge von Moskau bis Wladiwostok beträgt 9.300km. Davon verlaufen 100km durch Kasachstan. Für diesen Streckenabschnitt besteht ein Sonderabkommen.

Die Strecke ist durchgängig für Züge bis 9.000t geeignet, wobei 18.000t angestrebt werden. Dabei wiegen durchschnittliche Güterzüge der Russischen Bahn RZD 4.000t, haben 68 Wagen und eine Länge von 1.400m. Sie fahren durchschnittlich 47km/h, die mittlere Transportentfernung beträgt 2.600km[70]. *(vgl. Amann 2007, S.21, S.33f., S.35)*

Bereits in den sechziger Jahren wurde das Potential der Transsibirischen Eisenbahn als Containerbrücke erkannt. Vor allem japanische Firmen nutzten diese Möglichkeit für Lieferungen nach Europa. Den Hohepunkt erreichte der Containertransit 1981 mit 140.000TEU. 1985 gab es erste Containerzüge. Zwischen 2000 und 2005 hat sich der Containertransport fast verfünffacht. Zur Zeit wird an der Einführung von Doppelstockcontainerverkehren gearbeitet. *(vgl. Amann 2007, S.23, S.33; Capell 2009, S.3)*

Allerdings nahm der Transit über die Transsibirische Eisenbahn während der achtziger und neunziger Jahre stark ab. Der Zustand der Bahninfrastruktur und des rollenden Materials verschlechterte sich.

Während die Produktion in Russland zwischen 1988 und 1998 um 45% sank, sank der Schienengüterverkehr während des gleichen Zeitraumes um 61%. Die Arbeitsproduktivität verringerte sich zwischen 1990 und 1997 um 87%. Da keine Ressourcen für Investitionen zur Verfügung standen und da aus politi-

70 Vergleichswert Deutschland: 300km

schen Gründen rollendes Material bei einheimischen Produzenten gekauft werden musste, wurde eine zügige Modernisierung in den neunziger Jahren verhindert. *(vgl. Amann 2007, S.24, S.36)*

Um den Finanzbedarf für die notwendigen Investitionen zur Modernisierung der Bahn zu sichern, wendet sich die russische Regierung seit 1998 der Reform der Bahn zu. Sie soll unter Einführung marktwirtschaftlicher Instrumente dereguliert und stufenweise privatisiert werden. 2001 wurde ein dreistufiges Reformpaket beschlossen, das das zentralisierte Eisenbahnministerium schrittweise in mehrere privatwirtschaftlich agierende Unternehmen umwandeln soll.[71] *(vgl. Amann 2007, S.24f.)*

Seit 2001 genießt die Modernisierung des rollenden Materials die Priorität in der russischen Bahnpolitik. Momentan übersteigt das durchschnittliche Alter der Infrastruktureinrichtungen 40 Jahre. Bei den Lokomotiven überschritten 2005 etwa ein Drittel der E-Loks und die Hälfte der Diesellokomotiven ihre Betriebsfrist. Die Situation bei den Wagen ist ähnlich. Die Folgen der Überalterung des rollenden Materials sind erhöhte Reparaturkosten, häufigerer Ausfall und eine höhere Unfallanfälligkeit.

Bei den Wagen für den Containerverkehr besteht das Problem, dass der alte sowjetische Bestand und auch die Wagenindustrie nicht auf Containertransporte ausgerichtet waren. Daher wurden unpassende Wagen für Container eingesetzt. Weiterhin sind die Umschlagbahnhöfe nur unzureichend mit Containerterminals ausgestattet. Entlang der Strecke gibt es 36 Containerterminals, 13 davon können 40-Fuß-Container umschlagen.

Weitere Engpässe auf der Transsibirischen Eisenbahn ergeben sich an den Grenzübergängen und den Brücken. *(vgl. ebenda, S. 33, S.35f.)*

2007 verabschiedete die russische Regierung die „Strategie der Entwicklung des Eisenbahnverkehrs der Russischen Föderation bis zum Jahr 2030“. Sie enthält ein Investitionsprogramm in der Höhe von 400 Mrd. Euro, mit dessen Hilfe das russische Eisenbahnnetz modernisiert und auf den neusten Stand gebracht werden soll. Unter anderem fließen die Investitionen in die Erneuerung des Fuhrparkes. Außerdem sollen ca. 20.000km neue Gleise verlegt werden, v.a. zu Rohstofflagerstätten und zu den Häfen an der Ostsee sowie in Fernost.[72] Ein weiteres Ziel besteht darin, den Containerverkehr zu beschleunigen von derzeitig durchschnittlich 270km/Tag auf 1.000km/Tag, im Transitverkehr 1.200km /Tag. *(vgl. Capell 2009, S.3; Handels- und Industriekammer der Russischen Föderation 2007)*

---

71 Im **Anhang 3-15** befindet sich eine Übersicht über die Etappen der russischen Bahnreform.

72 siehe Karte im **Anhang 3-16**

Auf der asiatischen Seite der Transsibirischen Eisenbahn bestehen durch die russischen Häfen in Wostotschnij, Nachodka und Wladiwostok Anschlüsse nach Korea, China und Japan. Allerdings sind die Frachtraten für den Transport zwischen den koreanischen, chinesischen und japanischen Häfen zu den Anschlusshäfen etwa genauso hoch wie der gesamte Seegüterverkehr über den Suezkanal nach Europa.

Auf der europäischen Seite ist St. Petersburg der wichtigste Hafen für die Transsibirische Eisenbahn. Als Anschlusshäfen kommen alle Ostseehäfen sowie Hamburg und Rotterdam in Frage. Weitere Anschlusshäfen sind Kotka und Hamina in Finnland sowie Klaipėda, Riga und Tallin im Baltikum. *(vgl. Amann 2007, S.62ff.)*

Es existieren verschiedene Pläne, die Transsibirische Eisenbahn zu verlängern.

Eines dieser Projekte ist der Anschluss an die Transkoreanische Eisenbahn. Um den Seegütertransport von Korea einzusparen und die Transportzeit zu verkürzen, sollen die süd- und nordkoreanischen Schienennetze verbunden werden. Verhandlungen dazu finden seit 2000 statt. Im Gespräch sind zwei verschiedene Möglichkeiten: zum einen eine westlich verlaufende Route nach China, die von China und Südkorea bevorzugt wird, zum anderen eine östlich verlaufende Route nach Russland, die von Nordkorea und Russland favorisiert wird.[73] Nachteilig an der Transkoreanischen Eisenbahn ist für die Transsibirische Eisenbahn, dass sowohl Südkorea als auch Nordkorea Normalspur haben.

Außerdem ist das südkoreanische Schienennetz überlastet, während das nordkoreanische stark veraltet ist, so dass große Investitionen von Nöten wären.

Neben dem Fakt, dass Russland das Interesse an der Transkoreanischen Eisenbahn verloren hat, spricht v.a. die aktuelle politische Lage auf der koreanischen Halbinsel gegen die Realisierung dieses Projektes in absehbarer Zeit. *(vgl. ebenda, S.65ff.)*

Gute Chancen auf Realisierung hat dagegen die Verbindung mit Sachalin, hier überwiegen politische Motive und das Interesse an den dortigen Rohstoffvorkommen. Das 1.200km Schienennetz auf Sachalin wird bereits modernisiert und von Kapspur[74] auf Breitspur umgestellt. Bislang werden Waggons per Fähre vom Festland nach Cholmsk gebracht und dort umgespurt. Der Bau einer Brücke zwischen dem russischen Festland und Sachalin soll 2015 beginnen. Aus wirtschaftlicher Sicht lohnt sich dieser Plan nur, wenn gleichzeitig ein Tunnel oder eine Brücke nach Hokkaido gebaut wird, so dass Japan an das Schienen-

73 siehe Karte im **Anhang 3-17**

74 1.067mm, noch aus der Zeit der japanischen Herrschaft über Sachalin

netz bis nach Europa angeschlossen wird.[75] Aussichten auf eine Brücke zwischen Sachalin und Hokkaido gibt es jedoch durch fehlendes Interesse und eine sehr starke Schiffslobby auf japanischer Seite vorerst keine. *(vgl. Amann 2007, S.67ff.; Heyden 2008)*

Ebenfalls im Gespräch ist der Bau eines Tunnels, der von der Tschukotka-Halbinsel nach Alaska verlaufen und so den eurasischen Kontinent mit dem amerikanischen verbinden soll. Dieser Plan wird v.a. von der russischen Verkehrswissenschaft und vom russischen Wirtschaftsministerium unterstützt. Er ist Teil eines Projektes, nach dem eine Art Gitternetz im asiatischen Teil Russlands errichtet werden soll. Es bestünde aus einer ‚zweiten Transsibirischen Eisenbahn' sowie den sibirischen Flüssen als Verbindung zwischen den Bahnlinien. Auf Grund der komplizierten Finanzierung des Tunnelbaus ist laut Angaben der RZD erst in 50 Jahren mit einer Realisierung zu rechnen.[76] *(vgl. Amann 2007, S.69f.; Heyden 2008)*

Schließlich bestehen Pläne zur Verlängerung der Breitspurverbindung in Europa. Dadurch entfiele das Umspuren, das bislang durch den Wechsel zur Normalspur notwendig ist. In den sechziger und siebziger Jahren wurden bereits einzelne Strecken in der Ukraine, der Slowakei und in Polen gebaut.

Zur Debatte steht eine Weiterführung der polnischen Strecke nach Nordtschechien, wofür 2001 ein Vertrag abgeschlossen wurde. 2007 gab die RZD außerdem den Plan bekannt, eine Breitspurverbindung bis nach Wien zu bauen. Die Trasse soll über Kiew in der Ukraine sowie Košice und Bratislava in der Slowakei verlaufen. Zwischen den vier Eisenbahngesellschaften Russlands, der Ukraine, der Slowakei und Österreichs wurde 2009 ein Joint Venture, die Breitspur Planungs GmbH mit Sitz in Wien, gegründet, das nun innerhalb eines Jahres eine Kosten- und Nutzen-Analyse erstellen soll. Nach dem Ergebnis dieser Studie wird über die Realisierung des Projektes entschieden. *(vgl. Amann 2007, S.71; Ballin 2009; Wieninternational 2009)*

3.2.4.2 Die Neue Eurasische Landbrücke

Die Neue Eurasische Landbrücke[77] ist eine 10.800km lange Eisenbahnverbindung, die in Lianyungang an der chinesischen Pazifikküste beginnt und durch China, die zentralasiatischen Länder und Europa bis nach Rotterdam an die At-

75 iehe Karte im **Anhang 3-18**

76 Einzelne Teile des restlichen Projektes finden sich jedoch bereits in der Strategie zur Entwicklung des Eisenbahnverkehres bis 2030 wieder.

77 andere Namen: Neue Eurasische Kontinentalbrücke, Transeurasische Kontinentalbrücke, Transeurasia, Zweite Eurasische Kontinentalbrücke

lantikküste reichen soll. *(vgl. Staatliches Büro zur Koordination der Neuen Eurasischen Landbrücke 2007; People's Daily 2000)*

Innerhalb von China verläuft die Neue Eurasische Landbrücke über die Longhai-Eisenbahn von Lianyungang bis Lanzhou und über die Lanxin-Eisenbahn von Lanzhou bis Urumqi.[78]

Der Bau der Longhai-Eisenbahn begann 1904 in Zhengzhou. Das erste Teilstück zwischen Kaifeng und Luoyang wurde 1910 fertig gestellt und für den Verkehr frei gegeben. Bis 1953 wurde die Strecke schrittweise auf 1.759km bis zu ihren heutigen Endpunkten verlängert. Mittlerweile ist die Strecke komplett zweigleisig ausgebaut, aber noch nicht vollständig elektrifiziert. Sie durchquert die Provinzen Jiangsu, Anhui, Henan, Shaanxi und Gansu. *(vgl. Li 2007)*

Von Lanzhou ausgehend nach Urumqi entstand zwischen 1952 und 1962 die Lanxin-Eisenbahn mit einer Länge von 1.903km. Sie ist die erste und einzige Eisenbahnverbindung der Provinz Xinjiang. Die Strecke verfügt über eine südliche Abzweigung nach Ku'erle. Die nördliche Abzweigung ist eine Verlängerung der Gleise von Urumqi bis Alashankou an der kasachischen Grenze. Sie wurde von 1985 an gebaut und 1990 freigegeben. An sich bestand die Verbindung zwischen dem chinesischen Alashankou und dem kasachischen Dostyk bereits 1959, wurde jedoch auf Grund des Zerwürfnisses der Volksrepublik China mit der Sowjet Union wieder gekappt. Anfang der 1990er Jahre wurde die Strecke zweigleisig ausgestattet. Seit 2009 wird parallel zur Lanxin-Eisenbahn die Lanxin-Hochgeschwindigkeits-Eisenbahn gebaut, die innerhalb von fünf Jahren fertig gestellt werden soll. Sie verbindet Lanzhou mit Urumqi über Xining in der Provinz Qinghai. *(vgl. Baike.Baidu 2010, Amann 2007, S.75)*

Der chinesische Streckenabschnitt der Neuen Eurasischen Landbrücke hat eine Gesamtlänge von 4.131km. Über andere Bahnen bestehen Anschlüsse an weitere chinesische Provinzen wie Hubei oder die Innere Mongolei. *(vgl. Staatliches Büro zur Koordination der Neuen Eurasischen Landbrücke 2007)*

Momentan verlaufen von chinesischer Seite zwei Eisenbahnstrecken zu der kasachischen Grenze. Neben der oben beschriebenen Strecke bis Alashankou wurde 2009 eine zweite, elektrifizierte Eisenbahnverbindung bis zum Khorgos-Pass, einem weiter südlich gelegenen chinesisch-kasachischem Grenzübergang, gebaut. Bis jetzt existiert auf kasachischer Seite nur eine Straße, allerdings soll bis 2012 der Bau von Gleisen abgeschlossen werden. Dieser zweite Bahngrenzübergang soll Alashankou/Dostyk entlasten und erlaubt günstige Anschlüsse, beispielsweise nach Almaty. *(vgl. Nuttall 2008; People's Daily 2009)*

Angaben über den weiteren Verlauf der Neuen Eurasischen Landbrücke vom chinesisch-kasachischen Grenzübergang an unterscheiden sich teilweise

78 siehe Karte im **Anhang 3-19**

oder werden nicht weiter spezifiziert. Die von der chinesischen Regierung vorgeschlagenen Anschlüsse befinden sich im **Anhang 3-20**.

Eine besondere Rolle nimmt eine Strecke ein, die von China nach Europa durchweg auf Normalspurgleisen verlaufen soll. Durch die bislang unterschiedlichen Spurweiten der einzelnen Länder müssen die Züge an den betroffenen Ländergrenzen umgespurt werden, was zu Verzögerungen der Bahntransporte führt. An der chinesisch-kasachischen Grenze werden dafür beispielsweise über sechs Stunden benötigt. Um diesen Aufwand an Zeit und Kosten einzusparen, ist eine Normalspurstrecke geplant, die von der chinesischen Grenze quer durch Kasachstan bis zum Kaspischen Meer verlaufen soll, und von dort weiter nach Süden durch Turkmenistan bis in den Iran und über die Türkei nach Europa.[79] Die geplante Transitzeit vom Pazifik bis nach Westeuropa soll sich durch diese Route von derzeitig fünfzehn Tagen auf etwa acht Tage verkürzen.

Der Stand der Teilprojekte ist wie folgt:

Der kasachische Teil der Strecke hat eine Länge von 3.083km und soll in mehreren Etappen gebaut werden. Die Angaben zur Investitionshöhe unterscheiden sich je nach Quelle, von der kasachischen Regierung werden sie mit fünf bis sechs Mrd. USD angegeben. Ein Viertel davon will der kasachische Staat bezahlen, die restlichen 75% sollen durch internationale Investoren, v.a. chinesische Banken, getragen werden. Das Projekt wurde 2004 bekannt gegeben, sollte im gleichen Jahr beginnen und innerhalb von vier Jahren umgesetzt werden. Laut Nuttall befand sich das Projekt jedoch bis Mitte 2008 noch in der Planung und es konnten keine weiteren Hinweise darauf gefunden werden, ob mittlerweile mit dem Bau begonnen wurde.

Der turkmenische Streckenabschnitt scheint seit Anfang 2008 gebaut zu werden und soll bis 2011 fertig gestellt werden.

Der Iran hat eines der weltweit größten Bauprojekte gestartet. Innerhalb eines Fünfjahresplanes sollen ab 2005 5.600km existierende Gleise verbessert und 3.500km elektrifizierte Strecke neu errichtet werden. Allerdings bewirken die internationalen Sanktionen gegen den Iran Verzögerungen bei diesem Projekt.

Um die Route an das europäische Streckennetz anzuschließen, wird außerdem in der Türkei ein 13,7km langer Tunnel durch den Bosporus, der den asiatischen mit dem europäischen Teil Istanbuls verbindet, gebaut. Die Bauarbeiten begannen 2006 und nach dem ursprünglichen Plan sollte der Tunnel ab 2008 für den Personenverkehr und ab 2010 für den Güterverkehr nutzbar sein. Allerdings kommt es auch hier auf Grund von bedeutenden archäologischen Funden zu Verzögerungen.

79 Kasachstan und Turkmenistan haben Breitspur; China, der Iran und die Türkei haben Normalspur.

Durch unterschiedliche Prioritäten dieser Normalspurverbindung, eine zum Teil nicht abgesicherte Finanzierung und eine Vielzahl von Verzögerungen der Teilprojekte aus unterschiedlichen Gründen ist nicht absehbar, ob das Projekt tatsächlich von allen Beteiligten verfolgt wird und wann realistisch mit einer Fertigstellung der Strecke gerechnet werden kann. *(vgl. China Daily 2004; MacWilliam 2004; Wagner 2004; Heaney 2006; Spiegel 2006; Nuttall 2008)*

Der Hauptinitiator der Neuen Eurasischen Landbrücke ist die chinesische Regierung. Sie verfolgt damit das Ziel, die zentral gelegenen und westlichen Provinzen, die über große Vorräte an Rohstoffen verfügen, wirtschaftlich zu entwickeln. Dafür ist eine Öffnungspolitik nach dem Beispiel der Küstenregionen geplant, die unter anderem die Gründung von Sonderwirtschaftszonen[80] enthält. Weiterhin sollen die politischen und wirtschaftlichen Beziehungen zu den zentralasiatischen Ländern gestärkt werden. Der Güterverkehr mit der EU gehört zwar auch zu den offiziellen Zielen der Neuen Eurasischen Landbrücke, hat jedoch gegenüber den anderen keine Priorität. Langfristig soll sich die Neue Eurasische Landbrücke zu einem „Dreidimensionalen Transportkorridor" bestehend aus Schienen, Autobahnen, Luftfracht, Schifffahrt, Rohrleitungen und Kommunikationsverbindungen entwickeln. *(vgl. Wagner 2004; Staatliches Büro zur Koordination der Neuen Eurasischen Landbrücke 2007; Amann 2007, S.76; People's Daily 2000)*

3.2.4.3 Die Transsibirische Route

Die Transsibirische Route (TSR) folgt der Transsibirischen Eisenbahn durch Russland. Der Anschluss nach China besteht entweder über die chinesisch-russische Grenze in Manzhouli/Zabaikalsk oder via Mongolei (Transmongolische Eisenbahn). Von Moskau aus besteht der Anschluss über Weißrussland und Polen bis nach Deutschland sowie zur ukrainischen oder finnischen Grenze.

Momentan liegt die technische Transitkapazität der TSR bei 250.000 bis 300.000 TEU pro Jahr. Nachdem die Modernisierung abgeschlossen wurde (geplant bis 2015) und die Baikal-Amur Magistrale mit genutzt wird, soll sie auf eine Million TEU pro Jahr steigen. Ein Containerzug kann pro Tag 1.200km auf der TSR fahren. Durch Vereinfachungen der Zollformalitäten sowie der Grenz- und Hafenprozeduren können Transitcontainer inzwischen innerhalb weniger Stunden abgefertigt werden – im Vergleich zu drei bis fünf Tagen in der Vergangenheit. *(vgl. Vinokurov, Jadraliyev, Shcherbanin 2009, S.21f.; Vinokurow, Emerson 2009, S.9)*

---

80 Dabei soll es sich um neue „Ressourcen-Entwicklungszonen" und „Industrie-Entwicklungszonen" zur Förderung und Verarbeitung der Rohstoffe handeln, außerdem sind „Landwirtschaft-Entwicklungszonen" geplant.

Auf Grund einheitlicher Standards in der ehemaligen UdSSR verfügen die Nachfolgestaaten über die gleiche Spurbreite, das gleiche Stromsystem und einheitliche organisatorisch-rechtliche Rahmenbedingungen. Durch ihre Geschichte haben auch Finnland und die Mongolei Breitspur. Zu einer Umspurung kommt es daher an den Landesgrenzen zu China sowie zu Polen. *(vgl. Amann 2007, S.37)*

Die TSR ist als Transportkorridor in den Projekten der Paneuropäischen Verkehrskorridore (Korridor 2), der CAREC (Korridor 4-b), der TAR (Northern Corridor) und der EurAsEC (Transsiberean Railway) enthalten.

3.2.3.4 Der Nördliche Trans-Asiatische Korridor

Dieser Transportkorridor folgt der Neuen Eurasischen Landbrücke von Lianyungang bis Alashankou durch China und von Dostyk aus durch Kasachstan bis Chelyabinsk in Russland und weiter bis nach Moskau. Von Moskau aus verläuft die Strecke über die Ukraine nach Westeuropa. *(vgl. Vinokurov, Jadraliyev, Shcherbanin 2009, S.21)*

Nach der TSR ist dies der am meisten entwickelte Transportkorridor, wobei die Strecke kürzer ist.

Umspurungen finden an der chinesisch-kasachischen Grenze sowie an der russisch-ukrainischen Grenze statt.

Zur Zeit ist das Terminal an der chinesisch-kasachischen Grenze in der Lage, maximal 620 Waggons pro Tag abzufertigen, wobei es in der Praxis eher 500 bis 550 sind, das entspricht zwölf chinesischen Zügen. Neue Terminals werden bereits gebaut und sollen den Umschlag von 300.000 TEU pro Jahr ermöglichen.

70% des Güterverkehrs an diesem Grenzübergang sind Container, zwischen 2007 und 2008 stieg der Containerverkehr fast um ein Drittel. Die meisten dieser Container gehen ins Baltikum, in die GUS-Staaten oder in die europäischen Länder. *(vgl. Vinokurov, Jadraliyev, Shcherbanin 2009, S.21ff.; Vinokurow, Emerson 2009, S.9)*

Der Nördliche Trans-Asiatische Korridor ist in den Projekten der Paneuropäischen Verkehrskorridore (Korridor 3), der CAREC (Korridor 1-a), der TAR (Northern Corridor) und der EurAsEC (Northern Trans-Asian Corridor) enthalten.

3.2.4.5 Der Zentrale Trans-Asiatische Korridor

Der Zentrale Trans-Asiatische Korridor verläuft von Lianyungang bis Alashankou durch China, weiter durch Kasachstan von Dostyk über Aktogai nach Almaty. Anschließend verläuft die Strecke durch Wolgograd in Russland und Kiew in der Ukraine. *(vgl. Vinokurov, Jadraliyev, Shcherbanin 2009, S.21)*

Dieser Korridor stellt die kürzeste Verbindung zwischen Asien und Zentraleuropa dar, allerdings ist er derzeit nicht sehr gut entwickelt. Von der Eurasian Development Bank und der EUCAM wird die Weiterentwicklung dieses Korridors empfohlen, da die kürzere Entfernung auch zu geringeren Transportzeiten führt, da er durch wirtschaftlich entwickelte Gebiete Kasachstans, Russland und der Ukraine führt, und da er in einen Nord-Süd-Korridor, der vom Kaspischen Meer bis in den Iran verlaufen soll, integriert werden kann.

Für eine volle Nutzbarkeit müssen allerdings noch Streckenabschnitte in Kasachstan ausgebaut werden. *(vgl. Vinokurow, Emerson 2009, S.9)*

Der Korridor ist in den Projekten der Paneuropäischen Verkehrskorridore (Korridor 3) und der EurAsEC (Central Trans-Asian Corridor) enthalten.

3.2.4.6 Der Südliche Korridor

Bis Almaty folgt die Strecke dem Zentralen Trans-Asiatischen Korridor. Von dort verläuft sie über Usbekistan (Taschkent), Turkmenistan (Serakhs) und den Iran (Mashad, Teheran und Tabriz) sowie durch die Türkei (Ankara und Istanbul). *(vgl. Vinokurov, Jadraliyev, Shcherbanin 2009, S.21)*

Zur Verwirklichung dieses Korridors werden bereits Investitionen vorgenommen. So hat beispielsweise Turkmenistan schon 150km von den geplanten 477km Gleisen verlegt. Bis 2011 soll der Bau abgeschlossen sein. Auch Kasachstan und der Iran investieren in diese Route.

Zu Umspurungen kommt es an der chinesisch-kasachischen Grenze sowie an der turkmenisch-iranischen Grenze.

Nachteile des Korridors bestehen unter anderem darin, dass große Teile der Strecke einspurig und nicht elektrifiziert sind, wie etwa der 2.000km lange Abschnitt durch den Iran. *(vgl. Vinokurov, Jadraliyev, Shcherbanin 2009, S.23; Vinokurow, Emerson 2009, S.9f.)*

Der Korridor ist in den Projekten der Paneuropäischen Verkehrskorridore (Korridor 4), der CAREC (Korridor 3a) und der EurAsEC (Southern Trans-Asian Corridor) enthalten.

3.2.4.7 Die TRACECA-Korridore

Diese Korridore folgen der Neuen Eurasischen Landbrücke bis Alashankou/Dostyk an der chinesisch-kasachischen Grenze und dann weiter verschiedenen Routen des TRACECA-Projektes. Die Strecken verlaufen durch Kasachstan (Dostyk, Aktogai, Almaty), Usbekistan (Taschkent) und Turkmenistan (Ashgabat, Türkmenbashi), weiter per Eisenbahnfähre über das Kaspische Meer nach

Baku in Aserbaidschan und von dort bis nach Georgien (Tbilisi). Von den georgischen Häfen Batumi oder Poti führen weitere Fähren über das Schwarze Meer nach Ilyichevsk (Ukraine), Varna (Bulgarien) oder Constanta (Rumänien). *(vgl. Vinokurov, Jadraliyev, Shcherbanin 2009, S.21; TRACECA 2006)*

Trotz des anfänglichen Engagements der EU für das TRACECA-Projekt erreichen dessen Transportkapazitäten bislang nicht die gewünschte Höhe. Zwar gab es eine Reihe kostensenkender Maßnahmen, wie Rabatte auf Schienengüter- oder Fährtransporte von leeren Wagen oder den Verzicht auf Steuern und Gebühren auf Transitwaren, dennoch ist die Route wirtschaftlich nicht effizient. Insbesondere die russischen Frachtraten liegen deutlich unter den TRACECA-Frachtraten. Auch bei den Transportzeiten liegen die TRACECA-Korridore über denen der russischen Strecken.

Momentan werden die TRACECA-Korridore v.a. für Öllieferungen aus Turkmenistan sowie für Baumwoll- und Getreidelieferungen aus Usbekistan genutzt. Die Güter werden insbesondere von West nach Ost verschifft, während in die andere Richtung leere Wagen fahren, was negative Effekte auf die Effizienz der Fähren hat. Beispielsweise hat die Batumi-Poti-Ilyichevsk-Fähre eine geschätzte potentielle Kapazität von 15-20 Mio. t pro Jahr, befördert aber zur Zeit nur 0,9 Mio. t jährlich. Die Baku-Turkmenbashi-Fähre befördert bis zu 2 Mio. t jährlich. In Poti befinden sich ein Containerterminal mit einer Kapazität von 200.000TEU sowie weitere Umschlag- und Lageranlagen im Bau. *(vgl. Vinokurov, Jadraliyev, Shcherbanin 2009, S.23; Vinokurow, Emerson 2009, S.10)*

Der Korridor ist in den Projekten der Paneuropäischen Verkehrskorridore (Korridore 4, 8 und 9), der TRACECA und der EurAsEC (TRACECA) enthalten.

3.2.5 Der Bahntransport von Tianjin nach Zhlobin

3.2.5.1 Speditionen

Speditionen zu finden, die Bahntransporte von China nach Europa anbieten, erweist sich als wesentlich schwieriger als beim Seegütertransport.

Die meisten Anbieter von Bahntransporten sind auf bestimmte Strecken spezialisiert, v.a. auf Bahntransporte innerhalb der EU oder nach Osteuropa. Darüber hinaus sind die Erfahrungen mit dieser Transportrelation noch relativ gering. So zeigen die Daten von Eurostat, dass in den Jahren 2000 bis 2008 einzig Finnland die Möglichkeit von Bahntransporten nach China nutzte und Bahntransporte aus China nur nach Lettland, Litauen, Polen und Finnland gingen. Der Umfang der Lieferungen war in beiden Richtungen gering. *(vgl. Eurostat, Datenbankabruf April 2010)* Weiterhin wirkt sich die Wirtschaftskrise aus. Viele

Speditionen argumentieren, dass sich Bahntransporte auf dieser Relation durch die stark gesunkenen Seefrachtraten nicht lohnen.

Für die Transportanfragen wurden acht Speditionen ausgewählt, die laut den Angaben auf ihrer Website in der Lage sind, internationale Bahntransporte zu organisieren oder sich auf Bahntransporte auf der Eurasischen Landbrücke spezialisiert haben.

Der Rücklauf war geringer als bei Anfragen zu Seegütertransporten. Das erste vollständige Angebot traf nach zwei Wochen ein, alle anderen deutlich später nach drei Monaten und erst nach mehrmaligen Nachfragen per Email und per Telefon.

Für die Untersuchung wurden die Angebote der Speditionen BAHN1 bis BAHN4 berücksichtigt. Bei BAHN1 handelt es sich um eine auf die eurasische Landbrücke spezialisierte Spedition, bei BAHN2 um einen Eisenbahndienstleister. BAHN3 und BAHN4 sind Transport- und Logistikdienstleister.

Der Aufbau der Angebote unterscheidet sich sehr stark. Die einzelnen Posten mit Preisen werden nur von einer Spedition aufgelistet.

Zwar bezog sich die Anfrage auf einen Containertransport, allerdings wiesen mehrere Speditionen auf Probleme mit der Herkunft der Container hin, weswegen zwei Speditionen Angebote für einen Stückguttransport erstellten.

3.2.5.2 Die Transportstrecke

Von den Speditionen werden zwei verschiedene Strecken angeboten.

Zum einen wird der Transport über die chinesisch-russische Grenze Manzhouli/Zabaikalsk genutzt, diese Strecke entspricht der Transsibirischen Route.

Die andere Strecke führt durch China über die chinesisch-kasachische Grenze in Alashankou/Dostyk, weiter über Tobol oder Ozinki nach Russland und von Zlynka aus nach Weißrussland. Diese Strecke folgt dem Nördlichen Trans-Asiatischen Korridor.

3.2.5.3 Besonderheiten des Bahntransports

Im Zusammenhang mit dem Schienengütertransport wird von den Speditionen nach wie vor die Lieferklausel FOR (Free on Rail … [named departure point]) verwendet. Sie war bis zur Version von 1980 Bestandteil der Incoterms, ist jedoch ab der Version von 1990 und in den aktuellen Incoterms 3000 nicht mehr enthalten.[81] Nach FOR gehen die Kosten und Gefahren auf den Käufer über,

81 Die Incoterms wurden 1936 von der Internationalen Handelskammer ICC aufgestellt und jeweils 1953, 1967, 1976, 1980, 1990, 2000 und 2011 neu ausgelegt. Derzeit gelten die Incoterms 3000. Bei der Überarbeitung der von 1980 zu 1990 sollte die einfachere

wenn die Waren oder der beladene Waggon der Eisenbahn ausgehändigt werden. *(vgl. Hopt, Merkt 2010, 2.IV.(6).EL.2).A.Rn3 ; Wirtschaftslexikon24 2010)*

Zur Erstellung eines Angebotes müssen die Speditionen Anfragen an mehrere Eisenbahngesellschaften stellen, die diese sehr langsam bearbeiten. Daher ist für die Organisation eines Bahntransportes ein ausreichender zeitlicher Vorlauf notwendig.

Auf Grund von Sicherheitsbestimmungen dürfen Container auf der Strecke der Transsibirischen Eisenbahn nur paarweise umgeschlagen werden. Da es sich bei dem untersuchten Transport allerdings um einen einzelnen Container handelt, wiesen alle Speditionen darauf hin, dass sich der Transport dadurch an der Grenze verzögern kann, da auf einen zweiten Container zur gleichen Destination gewartet werden muss. Die angegebenen Transportzeiten beziehen sich jeweils auf den reinen Transport ohne diese zusätzliche und nicht kalkulierbare Wartezeit.

Weitere Probleme können sich aus der Herkunft der Container ergeben. Gespräche mit zwei Speditionen ergaben, dass chinesische Container nicht für den Transport nach Weißrussland freigegeben werden. Das würde dazu führen, dass die Walzen an der chinesischen Grenze in einen anderen Container umgeladen werden müssten. Um das zu vermeiden, müsste in China ein russischer oder kasachischer Container beschafft werden.

Weiterhin würde es sich generell schwierig gestalten, Partner zu finden, die Container für den Transport in Länder bereitstellen, die über keine eigenen Häfen verfügen, da die Container wahrscheinlich leer zurück transportiert werden müssten.[82]

3.3 Kostenvergleich auf der Grundlage von Angeboten

In diesem Kapitel sollen die Kosten des See- und des Schienengüterverkehrs verglichen werden, indem zunächst die Kostenentstehung und Preisbildung der jeweiligen Verkehrsträger erklärt werden und anschließend die in den Angeboten enthaltenen Preise als Transportkosten für den Walzentransport ausgewertet werden.

Klausel ‚FCA' die Spezialklauseln ‚FOR', ‚FOT' und ‚FOB Flughafen' für Luft- und Eisenbahntransport ersetzen. *(vgl. Hopt, Merkt 2010, 2.IV.(6).EL.2).A.Rn3)*

82 Diese Problematik würde prinzipiell auch den vorher untersuchten Seegütertransport betreffen, spielt dort allerdings keine Rolle, da die Walzen in Dresden (bzw. Hamburg oder Leipzig) in einem Zolllager aus dem Container ausgeladen und in einem verplombten LKW weiter nach Weißrussland befördert werden.

3.3.1 Kosten des Seegüterverkehrs

3.3.1.1 Kostenentstehung und Preisbildung im Seegüterverkehr

Um die Preisbildung in der Linienschifffahrt nachvollziehen zu können, sollen zunächst die Kosten, die bei einer Linienreederei anfallen, untersucht werden. Anschließend werden die Tarifbildung eines MTO und zum Schluss einzelne Positionen aus den erhaltenen Angeboten erklärt.

Die im Zusammenhang mit dem Schiffstransport anfallenden sogenannten Schiffskosten lassen sich grob in die vier Kostenblöcke unterteilen: Kapitalkosten, Schiffsbetriebskosten, Reisekosten und Ladungskosten. Je nach dem Leistungsangebot der Reederei ergibt sich, welche dieser Kosten der Reeder trägt. Im Falle der Linienschifffahrt sind das alle vier Kostenblöcke (siehe **Tabelle 3-7**). Wird das Schiff verchartert, entfallen für den Reeder beispielsweise die Ladungskosten und teilweise die Reisekosten, die dann von dem Charterer getragen werden.

Tabelle 3-7: *Grobgliederung der Schiffskosten für Reedereien (in Anlehnung an Biebig, Althof, Wagener 2008, S.332f.)*

Kapitalkosten	Schiffsbetriebskosten	Reisekosten	Ladungskosten
• Abschreibungen • Kreditkosten (Rückzahlungen und Zinsen) • Abgaben (Steuern)	• Besatzungskosten • Versicherungskosten • P u. I (Protection and Indemnity; Versicherung gegen Verluste aus Streiks, Schiffsuntergang, Fahrlässigkeit u.a.) • Instandhaltungskosten • Ausrüstungskosten • Ersatzteilkosten • Proviantkosten • Schmierstoffkosten • Schiffsrevisionskosten • Verwaltungskosten → zeitabhängig	• Brennstoffkosten • Hafengebühren • Kanalgebühren → reiseabhängig	• Umschlagskosten • Ladungsschäden

Linienverkehr

Reisecharter

Zeitcharter

Bare-Boat-Charter

Die Preise in der Linienschifffahrt richten sich nach der Transportentfernung. Mit der Länge der Relation sinken die Kosten pro Transporteinheit. Ein weiteres Kriterium kann die Art der Güter sein, beim Einsatz von Containern spielt sie aber teilweise keine Rolle. Der Transportpreis besteht aus einer Grundseefracht und Zuschlägen. *(vgl. Schieck 2008, S.213f.)*

Neben den Schiffskosten fallen bei einem Seetransport weitere Kosten im Hafen an, die von den Hafenunternehmen getragen werden. Sie entstehen bei der Liegeplatzvorhaltung und bei der Liegeplatznutzung:

Tabelle 3-8: *Kosten von Hafenunternehmen (vgl. Biebig, Althof, Wagener 2008, S.334f.)*

Kosten der Liegeplatzvorhaltung	Kosten der Liegeplatznutzung
• Mietkosten für die Infrastrukturnutzung • Versicherungskosten • Abschreibungen und Instandhaltungskosten für die Suprastruktur • Personalkosten	• Variable Kosten für die Nutzung von Kranen, Flurfördergeräten • Energiekosten • Lohnkosten • Materialkosten für Hilfsstoffe

Die Hafenunternehmen berechnen den Reedereien die folgenden Leistungen:

- TUL-Leistungen
- Service-Leistungen
- Nutzung der Infrastrukturanlagen.

Befinden sich die Häfen in öffentlicher Hand, richten sich die Preise nach den Grenzkosten und Subventionen. Autonome Häfen arbeiten gewinnorientiert, die Preise werden auf Grundlage der Durchschnittskosten gebildet.

Von den durch einen Reeder zu tragenden Hafenkosten ist ein Teil zeitabhängig und ein Teil mengenabhängig (bezogen auf die Menge umzuschlagender Container).

Zu der ersten Gruppe gehören die Anlauf- und Liegekosten. Darunter fallen Lotsengebühren, das teilweise vorgeschriebene Schleppen der Schiffe, Kaigebühren, Festmachen etc. Indirekt hängt die Liegezeit auch von der Containermenge ab, denn bei steigenden Schiffsgrößen nimmt die Dauer des Lade- und Löschbetriebs eine relativ größer werdende Zeitspanne ein, als beispielsweise Sicherheitskontrollen, Zollfreigaben oder Warten auf bestimmte Wasserstandstiefen.

Die Kosten für den Umschlag richten sich in erster Linie nach der Containermenge. Sie unterscheiden sich je nach Hafen sehr stark. So beträgt die europäische THC (Terminal Handling Charge, s.u.) im Durchschnitt nur 40% der asiatischen. Diese Gebühr, wie auch andere mit Containern im Zusammenhang stehende Kosten, kann nach der Größe des Containers differieren und danach, ob er leer oder beladen ist. Teilweise existiert aber auch nur ein Umschlagsatz. Weitere Kosten für Container sind:

- Depot Service (Empfang und Auslieferung der Container)
- Kontrollservice
- Wiegen
- Etikettieren/Neutralisieren
- Dokumentenerstellung
- Packen und Auflösen der Container
- Umfuhren.
  (vgl. Biebig, Althof, Wagener 2008, S.235ff.; Schönknecht 2009, S.51f. und 58ff.)

Bei multimodalen Transportprodukten geht der Preis über die Summe der Teilleistungen hinaus.

Zusätzliche Kosten entstehen durch den Koordinierungsaufwand des MTO, die höheren Versicherungskosten für dessen Haftpflicht sowie Kosten, die ansonsten direkt dem Transportkunden berechnet wurden. Gleichzeitig wird für den Verlader ein höherer Nutzwert geschaffen, unter anderem durch eine erhöhte Transportsicherheit durch die Haftung des MTO und eine optimierte Transportmittelkombination. Da es nur einen Vertragspartner gibt, vereinfacht sich die kommerzielle Abwicklung. Außerdem wird so die Prozesssteuerung zentralisiert, was eine höhere Flexibilität und Zuverlässigkeit schafft. *(vgl. Biebig, Althof, Wagener 2008, S.204)*

Um einen multimodalen Containertarif zu erstellen, muss ein MTO zunächst die Routen festlegen und mit den beteiligten Frachtführern Verträge abschließen. Danach bestimmt der MTO die Kapazität und Abfahrtsfrequenz der Hauptstrecke sowie den angestrebten Auslastungsgrad. Aus den ermittelten Kosten des Dienstes bildet er einen Durchschnitt pro beförderten Container und addiert einen Gewinn- und Risikozuschlag. Der Tarif kann in segmentierter oder integrierter Form angegeben werden. Segmentierte Tarife enthalten die folgenden einzelnen Bestandteile:

- Vorlauf des Containers vom Depot zum Versender und bis zum Verschiffungshafen
- Lagerung und Umschlag im Verschiffungshafen
- Seetransport
- Lagerung und Umschlag im Bestimmungshafen
- Nachlauf des Containers vom Bestimmungshafen zum Empfänger und Rücktransport des Containers zum Depot.

Diese Art der Tarifangabe ist weit verbreitet. Sie ist sehr transparent und hat den Vorteil, dass die einzelnen Preise in der Landeswährung angegeben werden können, was das Währungsrisiko reduziert.

Bei integrierten Tarifen werden die Frachtraten zwischen zwei Inlandspunkten ausgewiesen, ohne dass die einzelnen Knotenpunkte ersichtlich werden. *(vgl. Biebig, Althof, Wagener 2008, S.209ff.)*

Abbildung 3-14 zeigt beispielhaft die Kostenstruktur eines MTO für den Transport eines Containers.

13% Absatz, Adminis-tration	28% Schiffseinsatz	29% Hafenterminal	20% Inland Operati-on	10% Con-tainer, Chas-sis

Abbildung 3-14: *Kostenstruktur eines MTO für den Transport eines Containers (vgl. Biebig, Althof, Wagener 2008, S.206)*

Die Unpaarigkeiten in den internationalen Containerströmen führen dazu, dass sich die Frachtraten des Seegüterverkehrs auf einer bestimmten Relation je nach Richtung unterscheiden. In der Richtung, für die es mehr volle Container gibt, sind sie deutlich höher als in der Gegenrichtung. Dabei ist zu beachten, dass nicht nur die Frachtraten für Vollcontainer niedriger sind – laut Schönknecht beträgt der Unterschied bis zu 50% - sondern dass auch wesentlich weniger volle Container transportiert werden. Hinzu kommen saisonale Schwankungen. *(vgl. Schönknecht 2009, S.65ff.)*

Biebig, Althof und Wagener geben zu bedenken, dass im Seegüterverkehr die Zuordnung der Kosten im Containerverkehr durch die vielfältigen Prozesse und Transportvarianten am kompliziertesten ist. Die Abrechnung einer Einzelreise sei daher so gut wie unmöglich.

Darüber hinaus gestaltet der MTO die Preise gegenüber seinen Kunden unabhängig von den Verträgen mit seinen Unterauftragnehmern. Auf diese Weise können beispielsweise Teilstrecken oder einzelne Transportprodukte subventioniert werden. Die Preisgestaltung des MTO wird weiter dadurch beeinflusst, ob er über eigene Transportmittel verfügt oder nicht.

Diese Tatsachen führen dazu, dass es im Seegüterverkehr nur einen mittelbaren Zusammenhang zwischen den Kosten und der einzelnen Seefrachtrate gibt. *(vgl. Biebig, Althof, Wagener 2009, S.129, S. 204 und S.323)*

In **Tabelle 3-9** werden einige typische Zuschläge in der Linienschifffahrt erklärt, die auch als Positionen in den erhaltenen Angeboten auftauchen.

Tabelle 3-9: *Zuschläge in der Linienschifffahrt (vgl. Schieck 2008, S.214; Biebig, Althof, Wagener 2008, S.191f., S.208; Meder 2007, S.342; EU 2004, S.1; Sommerer 2004, S.24f. und S.101f.; Streck-Transport, 2010, S.3f., S.11; HOCO Logistics 2010; Kummer, Schramm, Sudy 2009, S.296)*

ADSp-Haftungszuschlag Die Allgemeinen Deutschen Spediteurbedingungen sind Empfehlungen von Speditionsverbänden und enthalten unter anderem Aussagen zur Haftung des Spediteurs.
BAF – Bunker Adjustment Factor Ausgleich für Preisschwankungen des Schiffstreibstoffes (englisch Bunker Fuel) auf dem Rohölmarkt
B/L Handling Das B/L bzw. Konnossement ist das Frachtpapier in der Schifffahrt. Es ist ein Traditionspapier, das den Warenwert vertritt. Für seine Ausstellung wird meist eine Gebühr berechnet.
CAF – Currency Adjustment Factor Der CAF ist ein Ausgleich für Wechselkursschwankungen, die zwischen der Tarifwährung und der Währung der Betriebskosten entstehen können. Mit Hilfe des CAF soll die Gewinnsituation vor dem Auftreten der Wechselkursschwankungen wieder hergestellt werden. Der CAF wird in Prozent angegeben und richtet sich nach Häufigkeit und Intensität der Wechselkursschwankungen. Er unterscheidet sich nach Fahrgebiet. Zur Berechnung der Fracht wird der CAF auf die Basisfracht berechnet und zusammen mit allen anderen Zuschlägen dazu addiert.
D/O fee – Delivery Order Das D/O (Lieferschein) wird vom Schiffsmakler gegen Rückgabe des Originalkonnossements erstellt. Teilweise ist unter dem Begriff der Lieferschein zu verstehen, teilweise bezieht er sich aber auch auf Konnossementsteilscheine.
ISPS-Fee Der Internationale Code für die Gefahrenabwehr auf Schiffen und im Hafenbereich (ISPS-Code) wurde von der IMO (Internationale Schifffahrtskommission) 2002 verabschiedet, um Schiffe, die im internationalen Handel eingesetzt werden, sowie Häfen gegen terroristische Angriffe zu schützen.
T-1-Erstellung Das T1-Dokument ist ein Zoll-Transit-Dokument für Transitwaren innerhalb der EU. In Europa hat es weitestgehend das Carnet TIR abgelöst.
THC – Terminal Handling Charge Gebühr für die Bewegungen der Container auf dem Terminal als ein Teil der Umschlagskosten, in Europa wird sie auch als CSC – Container Service Charge bezeichnet
Überzeiten (Detention und Demurrage) Bei reedereieigenen Containern entfällt normalerweise die Mietgebühr. Stattdessen gibt es zeitlich gestaffelte Gebühren (Sanktionen), die zu zahlen sind, wenn die Be- oder Entladung der Container länger dauert, als die dafür vorgesehene kostenfreie Zeit. Demurrage betrifft die verspätete Bereitstellung oder Abholung der Güter durch den Absender oder Abnehmer im Terminal. Detention betrifft die verspätete Bereitstellung oder Rückgabe reedereigener Container bei Merchand's Haulage außerhalb des Terminals.

In den Angeboten finden sich auch Positionen wieder, die mit der Schifffahrtroute zusammenhängen. Darunter fällt die **AGS** bzw. Aden Gulf Surcharge. Sicherheitsmaßnahmen gegen die Piraterie im Golf von Aden verursachen den Reedern hohe Kosten. Um sich vor Angriffen zu schützen, verstärken sie ihr Personal, sichern die Schiffe, bilden Konvois und fahren teilweise Umwege. Dazu kommen höhere Versicherungsprämien. *(vgl. Wirtschaftswoche 2010)*

Eine weitere streckenspezifische Gebühr ist die **Suez Canal Transit Charge** für das Passieren des Suezkanals. Das nachfolgende Diagramm gibt einen Überblick über die Passagekosten in Abhängigkeit der Schiffsgröße.

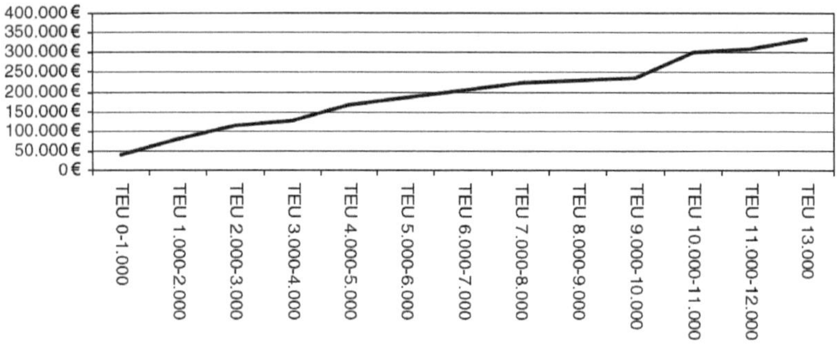

Abbildung 3-15: *Passagekosten des Suezkanals in Abhängigkeit der Schiffsgröße (Zahlen von 2004) (Schönknecht 2009, S.63)*

3.3.1.2 Preise in den Angeboten

Die folgende Tabelle fasst die Angebote für Seegüterverkehr zusammen.[83] Da sich die einzelnen Posten von ihrer Struktur her teilweise stark unterscheiden, wurden für den Transport bis Hamburg, die lokalen Kosten im Hamburger Hafen und den Nachlauf Zwischensummen gebildet. Bis auf SEE7 geben alle Speditionen die Preise für einzelne Positionen an (segmentierte Tarife).

Enthielten die Angebote verschiedene Transportvarianten mit unterschiedlichen Preisen, wurde das in der Tabelle berücksichtigt.

Der Umrechnung in Euro liegen folgende Währungskurse zu Grunde:

1,00EUR = 1,36USD sowie

1,00EUR = 9,39CNY (Stand: März 2010).

83 Die ausführliche Tabelle mit allen Positionen befindet sich im **Anhang 3-21**. Abkürzungen: TJ – Tianjin; HH – Hamburg, DD – Dresden; L – Leipzig; ZH –Zhlobin.

Tabelle 3-10: *Übersicht über die Angebote des Seegüterverkehrs*

Spedition	Transportabschnitt	Transportdauer	Preis in EURO
SEE1	Hauptlauf TJ-HH	31-34 Tage	1866,23 EUR
	Lokale Kosten HH	2 Tage	234,97 EUR
	Nachlauf HH-DD	1 Tag	425,00 EUR
	Zwischensumme	34-37 Tage	2526,20 EUR
	Nachlauf DD-ZH	3-4 Tage	2000,00 EUR
	GESAMT	37-41 Tage	**4526,20 EUR**
SEE2	Hauptlauf TJ-HH	34 Tage	1695,99 EUR
	Lokale Kosten HH[84]	2 Tage	260,50 EUR
	Nachlauf HH-L	1 Tag	540,00 EUR
	Zwischensumme	37 Tage	2496,49 EUR
	Nachlauf L-ZH	3-4 Tage	2000,00 EUR
	GESAMT	40-41 Tage	**4496,49 EUR**
SEE3	Hauptlauf TJ-HH	41 Tage	2216,91 EUR
	Lokale Kosten HH	2 Tage	295,00 EUR
	Nachlauf HH-DD	a) 1Tag	1005,00 EUR
		b) 1 Tag	1185,00 EUR
		c) 1 Tag	1325,00 EUR
	Zwischensumme	a) 44 Tage	3516,91 EUR
		b) 44 Tage	3696,91 EUR
		c) 44 Tage	3836,91 EUR
	Nachlauf DD-ZH	3-4 Tage	2000,00 EUR
	GESAMT	a) 47-48 Tage	**5516,91 EUR**
		b) 47-48 Tage	**5696,91 EUR**
		c) 47-48 Tage	**5836,91 EUR**
SEE4	Hauptlauf TJ-HH	3-4 Wochen, eher 4-5 Wochen	1835,00 EUR
	Lokale Kosten HH	2 Tage	250,50 EUR
	Nachlauf HH-DD	1 Tag	720,00 EUR
	Zwischensumme	3-4 Wochen, eher 4-5 Wochen	2805,50 EUR
	Nachlauf DD-ZH	3-4 Tage	2000,00 EUR

84 Entsprechend den Angaben im Angebot würden zu den genannten Posten noch THC und ISPS-Gebühren dazu kommen, die nach Durchschnittswerten der anderen Angebote mit je 210,00EUR und 15EUR kalkuliert wurden.

	GESAMT	4-6 Wochen	**4805,50 EUR**
SEE5	Hauptlauf TJ-HH	a) 33 Tage	1948,53 EUR
		b) 41 Tage	1617,65 EUR
	Lokale Kosten HH	2 Tage	322,75 EUR
	Nachlauf HH-DD	1 Tag	725,00 EUR
	Zwischensumme	a) 36 Tage	2996,28 EUR
		b) 44 Tage	2665,40 EUR
	Nachlauf DD-ZH	3-4 Tage	2000,00 EUR
	GESAMT	a) 39-40 Tage	**4996,28 EUR**
		b) 47-48 Tage	**4665,40 EUR**
SEE6	Hauptlauf TJ-HH	28-32 Tage	2112,02 EUR
	Lokale Kosten HH	2 Tage	250,00 EUR
	Nachlauf HH-DD	1 Tag	1075,00 EUR
	Zwischensumme	31-35 Tage	3437,02 EUR
	Nachlauf DD-ZH	3-4 Tage	2000,00 EUR
	GESAMT	34-39 Tage	**5437,02 EUR**
SEE7	Transport TJ-ZH	39-40 Tage	**4975,00 EUR**

Alle Angebote sind frei von Zoll- und Versicherungskosten.

Hinsichtlich des Transportes bis Hamburg liegt die Differenz zwischen den Angeboten bei etwa 600EUR. Die günstigsten Transportkosten kann SEE5 für den B-Service (41 Tage) anbieten.

Die lokalen Kosten im Hamburger Hafen unterscheiden sich zu rund 90EUR. Hier ist SEE1 am günstigsten.

Im Nachlauf beträgt der Preisunterschied zwischen dem niedrigsten und dem höchsten Angebot 900EUR. SEE1 ist auch hier am günstigsten.

Wird der Gesamtpreis betrachtet, beträgt der Unterschied zwischen dem niedrigsten und dem höchsten Angebot 1.340,42EUR. Dabei stammen die günstigsten Angebote von SEE2 und SEE1, die beide als Reedereien eigene Containerlinien betreiben. Erstaunlicherweise sind ihre Angebote auch im Nachlauf am niedrigsten. Ein Grund dafür kann nach Biebig, Althof und Wagener sein, dass Reeder-MTOs (wie in diesem Fall SEE2 oder SEE1) Import- und Exportcontainerbewegungen kombinieren können. Teilweise subventionieren sie auch den Vor- und Nachlauf durch höhere Seefracht. *(vgl. Biebig, Althof, Wagener 2008, S.209)* Um zu verhindern, dass ihre Kunden nur die günstigen Seegütertransporte bei den Reedereien buchen und die Vor- und Nachläufe an andere Speditionen vergeben, nutzen die Linienreedereien also ihren preislichen Vorteil bei der Seefracht, um den Landtransport günstig anzubieten. So können sie ihren Kunden den Transport von Haus zu Haus verkaufen. Das erklärt auch, warum die Frachtraten für den Seetransport der Reedereien SEE2 und SEE1 sich nicht signifikant von denen der Speditionen SEE4 und SEE5 unterscheiden.

3.3.2 Kosten des Schienengüterverkehrs

3.3.2.1 Kostenentstehung und Preisbildung im Schienengüterverkehr

Die Preisbildung im Schienengüterverkehr wird zunächst auf nationaler Ebene und anschließend auf internationaler Ebene betrachtet. Danach werden einige Aspekte bei der Preisbildung entlang der Eurasischen Landbrücke vorgestellt.

Die Grundlage für internationale Eisenbahngütertarife sind die nationalen Tarife.

Da die Eisenbahnverkehrsunternehmen zunehmend nach privatwirtschaftlichen Kriterien geführt werden, erfolgt auch die Preisgestaltung zunehmend wettbewerbsorientiert. In einem Regelwerk, dem Tarif, werden die Preise abgebildet. Er ist sehr komplex, aber hinreichend transparent. *(vgl. Schieck 2008, S.303f.)*

Ein Problem im Schienengüterverkehr sind Schwierigkeiten bei der genauen Zuordnung von Kosten zu Kostenträgern und Kostenstellen. Das liegt zum einen daran, dass sich die Anlagen der Eisenbahnunternehmen über große Territorien erstrecken, was die Erfassung schon technisch aufwendiger macht. Außerdem hängt der Aufwand, v.a. beim Sammeln und Verteilen, von einer Vielzahl von Faktoren ab, die nicht ohne weiteres erfassbar sind. Zum Beispiel verursachen stark belegte Gleisanlagen einen erhöhten Rangieraufwand. Zwar kann durch die Begleitpapiere der Wagenlauf nachvollzogen werden, nicht aber die konkrete Infrastrukturnutzung oder der Rangieraufwand. *(vgl. Berndt 2001, S.205)*

Die Bahnen verkaufen sich gegenseitig ihre Leistungen. Auf diese Weise können sie Teilleistungen einkaufen, mit den eigenen kombinieren und so ihren Kunden eine komplexe Leistung anbieten.

Die Abrechnung erfolgt bei den Bahnen sowohl innerhalb des jeweiligen Bahnunternehmens als auch zwischen den am Transport beteiligten Bahnunternehmen und mit sonstigen Dienstleistern. Es gibt verschiedene Abrechungsmodelle. *(vgl. ebenda, S.204ff.)*

Die Frachtraten, die die Bahnen schließlich ihren Kunden in Rechnung stellen, richten sich nach Art des Transportobjektes und der Länge der Beförderungsstrecke. Die Bahnen haben hierfür eigene Verfahren zur Preisermittlung.

Teilweise besteht eine Beförderungspflicht im Güterverkehr sowie eine Tarifpflicht, das heißt, dass der Staat die Preise der Bahnen genehmigen muss. Im Zuge der Liberalisierung des Schienengüterverkehrs wurde beides jedoch teilweise aufgehoben.

Zu der Grundfracht für erbrachte Transportleistungen kommen Nebenentgelte, beispielsweise für Umschlag, Lagerung und Reinigung sowie Standgelder, falls der Absender oder Empfänger länger über den Wagen verfügen möchte. Weiterhin kommen Gebühren für Amtshandlungen hinzu, unter anderem für den Zoll. Die Regelmäßigkeit und Häufigkeit des Transportbedarfes genau wie die frühzeitige Anmeldung haben ebenfalls Einfluss auf den Preis sowie Zuschläge und Abschläge, z.B. für Gefahrenguttransporte oder die Verwendung von Privatwagen. *(vgl. Schieck 2008, S.303f.; Berndt 2001, S.206f.)*

Auf internationaler Ebene gibt es im Schienengüterverkehr zwei Möglichkeiten, die Fracht zu ermitteln.

Zum einen können die einzelnen beteiligten Länder einen Verbandsgütertarif vereinbaren. In dem Fall werden einheitliche Grundsätze für die Preisbildung für die gesamte Transportkette festgelegt, veröffentlicht und sind verbindlich anzuwenden.

Existiert kein solcher Verbandsgütertarif, ergibt sich die Gesamtfracht aus der Summe der Teilfrachten der einzelnen Länder jeweils bis zur Grenze. Da es auf diese Weise keine Kostendegressionseffekte für die gesamte Länge der Transportstrecke geben kann, kommt es zu ungünstigeren Preisen. *(vgl. Schieck 2008, S.304; Büter 2007, S.225)*

Die Transsibirische Route wird von der Russischen Bahn RZD dominiert. Sie ist in Russland der einzige zugelassene Frachtführer, da rechtlich nicht geklärt ist, wie Infrastrukturtarife zu erheben sind. Zwar gibt es in Russland private Operateure, jedoch beschränkt sich deren Geschäftstätigkeit darauf, Verträge mit Verladern und Frachtführern zur Durchführungen von Verkehren mit eigenem oder gemietetem rollenden Material abzuschließen. Zum einen handelt es sich bei diesen privaten Operateuren um Tochtergesellschaften exportierender Konzerne, zum anderen um unabhängige Operateure wie Speditionen. *(vgl. Amann 2007, S.50 und S.57)*

Die Tarife der RZD werden vom Föderalen Tarifdienst bestimmt. Sie enthalten die Preise für Operateure, Spediteure und Verlader für die jeweiligen Leistungen sowie alle Ausnahmen und Sonderfrachtsätze. Die Einteilung des Tarifes nach Infrastruktur, Wagen und Lokomotiven sowie anderen Komponenten ist nicht eindeutig. Das System basiert auf durchschnittlichen Aufwendungen für die Netzinstandhaltung. Durch den Mangel an Daten zu den tatsächlich anfallenden Kosten ist es unmöglich, einen objektiven Tarif für die Transsibirische Route festzustellen.

Es findet eine Preisdifferenzierung nach Ladungsarten und -werten statt. So gelten beispielsweise die höchsten Raten für Öltransporte und die günstigsten Raten für Kohletransporte, welche für die Bahn sogar Verluste generieren. Weiterhin wird die Nutzung der Häfen gegenüber den Landgrenzübergängen gefördert. Neben dem Unterschied in den Frachtraten von etwa 50% existiert für die russischen Häfen darüber hinaus ein vereinfachtes Zoll- und Grenzzollverfahren, das es nicht für die Landgrenzübergänge gibt. Es gibt auch Sondertarife für bestimmte Ladungen bestimmter Betriebe in bestimmten Regionen. Für den grenzüberschreitenden Schienengüterverkehr gilt die Festlegung, dass der Transit durch Russland 15% günstigere Preise hat als Import- oder Exportverkehre.[85] Aus einem der Angebote geht hervor, dass der Transport von privaten Containern mit günstigeren Raten berechnet wird, als der Transport von Containern, die Eigentum einer der Bahngesellschaften der ehemaligen Sowjet-Staaten sind.

Der Tarif ist ostwärts wie westwärts gleich. Er enthält die Benutzung der Infrastruktur und der Lokomotiven, den Treibstoffverbrauch sowie die Kosten für den Rücktransport des leeren Containers. Nicht enthalten sind die Nutzung der Wagen, Zoll- und Transitabgaben sowie das obligatorische Sicherheitsteam. An sich unterliegen Transitladungen keiner Verzollungspflicht, in Russland werden jedoch Zollabgaben auf Transitladungen erhoben. *(vgl. Amann 2007, S.45ff., S.50 und S.58; Angebot)*

Mit den Tarifeinnahmen muss die RZD die Infrastrukturkosten und einen Großteil der Neuinvestitionen in das Netz finanzieren.[86] Dazu kommt eine Quersubventionierung des Personenverkehrs. *(vgl. Amann 2007, S.46)*

Um mit den teilweise niedrigeren und flexibleren Preisen der Speditionen und Operateuren mithalten zu können, v.a. bei den Containertransporten, möchte die RZD die Tarife selbst festlegen können und erhöhen. Um die Tarifvorgaben zu umgehen, gliedert die RZD bestimmte Leistungsbereiche des Konzerns in Form von Tochtergesellschaften aus. Diese können die Tarife selbst festlegen und müssen ihre Gewinne nicht für die Infrastrukturerhaltung des Schienennetzes, den Personenverkehr oder andere staatliche Ausgaben abgeben. Mittlerweile gibt es etwa dreißig Tochtergesellschaften der RZD. Als ein Teil der Strategie im Eisenbahnverkehr sollen bis 2030 für die Hälfte aller Transporte die Kosten marktwirtschaftlich ermittelt werden, momentan ist das bei 15% der Transporte der Fall. *(vgl. Amann 2007, S.46; Handels und Industriekammer der Russischen Föderation 2007)*

---

85 Das führte zur Bildung sogenannter grauer Verkehre. Das heißt, um die günstigeren Frachtraten zu nutzen, werden Waren nicht direkt nach Russland gebracht sondern zunächst per Bahn nach Finnland und von dort per LKW zurück nach Russland.

86 Allerdings kann auch der Staat bei Neuinvestitionen mit beteiligt werden.

Bei den Vor- und Nachläufen der Transsibirischen Route hat die RZD keinen Einfluss auf die Preisbildung. So kommt es, dass beispielsweise die Frachtraten auf den polnischen und deutschen Streckenabschnitten etwa viermal so hoch sind wie die der RZD, oder die Frachtraten für den Seegüterverkehr zwischen Busan und Wostotschnij dem Preis für den gesamten Seegütertransport von Korea nach Europa entsprechen. *(vgl. Amann 2007, S.49)*

Das russische Tarifsystem stellt nach Amann eine Wettbewerbshürde dar, da es weder flexibel noch verlässlich sei sowie politischen Einflüssen und Willkür unterliege. Die Unbeständigkeit und Willkür der Tarifsetzung wirke sich dabei negativer aus als die eigentliche Höhe der Frachtraten. *(vgl. ebenda, S.49 und S.82)*

Doch auch auf der Strecke der Neuen Eurasischen Landbrücke besteht das Problem hoher und unterschiedlicher Transit- und Exporttarife, intransparenter Zollgebühren und umständlichen Grenzkontrollen. *(vgl. ebenda, S.77)*

3.3.2.2 Preise in den Angeboten

Der Aufbau der Angebote unterscheidet sich von denen für Seegütertransport insofern, dass keine einzelnen Preispositionen aufgelistet werden (mit Ausnahme BAHN2). Die folgende Tabelle fasst die Angaben aus den Angeboten zusammen.[87]

Tabelle 3-11: *Übersicht über die Angebote des Schienengüterverkehrs*

Spedition	Strecke	Transportart	Transportdauer	Preis in EURO
BAHN1	Tianjin-Manzhouli/Zabaikalsk-Zhlobin	20‘	25 Tage	**4691,18 EUR**
BAHN2	Tianjin-Alashankou/Dostyk-Zhlobin	a) Stückgut	35 Tage	**8370,74 EUR**
		b) 20‘	35 Tage	**4039,71 EUR**
		c) 40‘	35 Tage	**6150,74 EUR**
BAHN3	Tianjin-Manzhouli/Zabaikalsk-Zhlobin	20‘	18 Tage	**4054,91 EUR**
BAHN4	Tianjin-Zhlobin	Stückgut	35 Tage	**9701,69 EUR**[88]

87 Die ausführliche Tabelle befinden sich im **Anhang 3-22**.

88 Der Preis im Angebot beträgt 10.815 Euro/Waggon. Da er sich auf einen Wechselkurs von 1,00EUR = 1,22USD bezieht, wurde er aus Gründen der Vergleichbarkeit mit dem Wechselkurs 1,00EUR = 1,36USD neu berechnet.

Die günstigsten Angebote für die Versendung eines 20-Fuß-Containers stammen von BAHN2 und von BAHN3. Die Frachtraten für die Versendung als Wagenladung liegen etwa bei dem doppelten Preis. Durch die unterschiedliche Preisbasis entsteht eine Differenz zwischen dem niedrigsten und dem höchsten Angebot von 5.661,98EUR.

3.3.3 Kostenvergleich zwischen See- und Schienengüterverkehr

Werden alle Angebote nach dem Gesamtpreis miteinander verglichen, ergibt sich folgende Reihenfolge:

***Tabelle 3-12:** Vergleich der Gesamtpreise aller Angebote*

1.	4.039,71 EUR	BAHN2 – 20‘	9.	4.996,28 EUR	SEE5 – A-Service
2.	4.054,91 EUR	BAHN3	10.	5.437,02 EUR	SEE6
3.	4.496,49 EUR	SEE2	11.	5.516,91 EUR	SEE3 – a)
4.	4.526,20 EUR	SEE1	12.	5.696,91 EUR	SEE3 – b)
5.	4.665,40 EUR	SEE5 – B-Service	13.	5.836,91 EUR	SEE3 – c)
6.	4.691,18 EUR	BAHN1	14.	6.150,74 EUR	BAHN2 – 40‘
7.	4.805,50 EUR	SEE4	15.	8.370,74 EUR	BAHN2 – Waggon
8.	4.975,00 EUR	SEE7	16.	9.701,69 EUR	BAHN4 – Waggon

Entgegen der Darstellung in der Literatur und der meisten Speditionen, zu denen im Laufe der Untersuchung Kontakt bestand, liegt der Containertransport per Bahn auf der Eurasischen Landbrücke auf einem vergleichbaren Preisniveau wie die preisgünstigen Angebote für den Containertransport per Schiff. Zwei der Angebote liegen sogar darunter.

Die Versendung der Walzen im Waggon ist deutlich teurerer als der Seegütertransport. Zu berücksichtigen ist aber, dass diese Preise mit der Versendung als Stückgut im Seegüterverkehr verglichen werden müssten, was nicht Gegenstand dieser Untersuchung ist.

Die Differenz zwischen den niedrigsten Angeboten im Schienengüterverkehr und den niedrigsten Angeboten im Seegüterverkehr beträgt rund 450EUR.

3.4 Berücksichtigung weiterer Vergleichskriterien

Um eine einseitige Fokussierung auf die Kosten zu vermeiden, werden im Folgenden weitere Punkte zum Vergleich heran gezogen. Der See- und der Schienengüterverkehr sollen hinsichtlich der physischen Belastungen der Transportgüter, der Transportzeit und der externen Kosten untersucht werden. Außerdem werden Risiken, die sich aus der Organisation ergeben, beleuchtet und solche, die für die jeweilige Transportstrecke spezifisch sind. Zu jedem Punkt wird in einem Fazit die Relevanz für den Transport von Walzen bewertet.

3.4.1 Physische Beanspruchungen

Physische Beanspruchungen sind sowohl mechanischen als auch klimatischen Ursprungs. Weiter unterteilen lassen sich die mechanischen Beanspruchungen in statische, d.h. verursacht durch Stapeldruck, und dynamische, d.h. verursacht durch Schwingungen oder Stöße. Ihre Wirkung wird in Bruchteilen bzw. Vielfachen der Erdbeschleunigung ‚g' angegeben.

Das Klima wirkt sich schädigend auf die Ladung aus, wenn die Temperaturen oder die Luftfeuchte für die Transportgüter oder deren Packmittel ein unerträgliches Maß erreichen. Auf längeren Reisen können die klimatischen Bedingungen sehr stark schwanken, was sich v.a. auf die Packstücke in der Nähe der Containerwände und des Daches auswirkt und was darüber hinaus zu Kondensation innerhalb des Containers führen kann. Klimatische Beanspruchungen wirken oft direkt zusammen mit biotischen, d.h. verursacht von Lebewesen im weiteren Sinne (z.B. Nagetiere, Insekten, Schimmelpilze, Bakterien etc.), und chemischen (z.B. Korrosion).

Sofern der Container einwandfrei und dicht verschlossen ist, schützt er die Packstücke vor äußeren Einflüssen wie Schnee, Regen, Salzwassersprühnebel, Wärmestrahlung, Staub, UV-Licht usw. Er ist spritzwasserdicht, aber nicht wasserdicht.

Das Transportmittel, die gewählte Route, die Beschaffenheit der Infrastruktur, das Wetter usw. haben einen unmittelbaren Einfluss auf die auftretenden Beanspruchungen. *(vgl. Strauch 2010, 2.3, 2.3.1, 2.3.2, 2.3.8, 2.3.9 und 2.3.10)*

Die beim Umschlag auftretenden mechanischen Beanspruchungen sind beim Schienen- wie beim Seegüterverkehr gleich groß, solange speziell für Container ausgelegtes Umschlaggerät zum Einsatz kommt. Sie treten zum einen auf, wenn ein beladener Container bewegt wird, und zum anderen beim Be- und Entladen des Containers. Bei einer fachmännischen Bedienung der Geräte, d.h. einem schonenden Anheben und Absetzen der Container, ist mit einer Beanspruchung von etwa 1g zu rechnen. Bei ruckartigen Bewegungen oder in Ländern mit einer schwächer ausgeprägten Infrastruktur treten höhere Belastungen auf.

Bei Containerbrücken bestehen die Belastungen beispielsweise aus Beschleunigungskräften beim Anheben und Absetzen, die sich durch Druck auf die Versandstücke im Container auswirken. *(vgl. ebenda, 2.3.7)*

a) Seegüterverkehr

Im Seegüterverkehr wirken andere Belastungen auf die Transportgüter als bei den übrigen Verkehrsträgern. Die unterschiedlichen Wetterbedingungen rufen gleichzeitig verschieden starke Kräfte in unterschiedlichen Richtungen und über eine längere Zeit hervor. *(vgl. Strauch 2010, 2.3.3)* Im **Anhang 3-23** befinden sich Abbildungen, die die verschiedenen Bewegungen von Seeschiffen und deren Auswirkungen verdeutlichen. Die **Tabelle 3-13** zeigt die auf ein Schiff wirkenden Kräfte.

Tabelle 3-13: *Die in der Schifffahrt wirkenden Kräfte (Strauch 2010, 2.3.3)*

Beförderungsmittel Seeschiff	**vorwärts wirkende Kräfte**	**rückwärts wirkende Kräfte**	**seitwärts wirkende Kräfte**
Ostsee	0,3g (b)	0,3g (b)	0,5g
Nordsee	0,3g (c)	0,3g (c)	0,7g
weltweite Fahrt	0,4g (d)	0,4g (d)	0,8g
1g=9,81 m/s². Die oben genannten Werte sind mit der nach unten wirkenden Schwerkraft von 1,0g sowie mit einer dynamischen Schwankung wie folgt zu verbinden: (b)=±0,5g (c)=±0,7g (d)=±0,8g			

Zwar sind die absoluten Beschleunigungswerte dieser Kräfte relativ gering und an günstigen Stauplätzen noch darunter, der Unterschied zu anderen Verkehrsträgern besteht jedoch in der Häufigkeit der Bewegungen. So werden die Ladungstücke bei einer mehrtägigen Schlechtwetterphase etliche tausend Male wechselweise be und entlastet.

Neben den Bewegungen des Schiffes wirken weiterhin Winddruck und Spritzwasser auf die an Deck gestauten Container ein. Deren Einfluss ist allerdings berechenbar und kann mit Hilfe von seefester Verpackung begegnet werden. Nicht berechenbar sind dagegen die Auswirkungen von Seeschlag, d.h. durch Seegang verursachte Schäden am Schiff oder der Ladung.

Mit Ausnahme von Gefahrengütern können in der Containerschifffahrt die Anforderungen eines einzelnen Containers an seinen Stellplatz nicht berücksichtigt werden. Laut Strauch sind auch diesbezügliche Vermerke im Konnossement, z.B. über Unterdeckverladung, wirkungslos. Hinzu kommt, dass die Stauzentralen, die die Vorplanung übernehmen, genau wie die Schiffsleitung, nicht wissen, was die Container enthalten. Da der spätere Stauplatz eines Containers nicht bekannt ist, sollte immer von den ungünstigsten Bedingungen ausgegangen werden. *(vgl. Strauch 2010, 2.3.3)*

Zu den klimatischen Beanspruchungen hat Petzoldt eine Untersuchung durchgeführt. Im Laufe eines Jahres wurden die Temperaturen innerhalb eines Containers auf dem Transport von Dresden über Hamburg nach Beijing gemessen.[89] Durch die geographische Nähe Beijings zu Tianjin ist diese Studie auch für den Transport von Tianjin nach Zhlobin über Hamburg und Dresden repräsentativ. Die Untersuchung verdeutlicht, dass die Temperaturen während eines Transportes (geht man von den Werten innerhalb eines Monates aus) um bis zu 50°C zwischen dem niedrigsten und dem höchsten Wert schwanken können. *(vgl. Petzoldt 2007, S.240)*

b) Schienengüterverkehr

Beanspruchungen im Schienengüterverkehr haben die folgenden Ursachen: sie können durch das Schienennetz entstehen (z.B. in Kurven oder bei Steigungen), bei der Behandlung in Bahn- oder Verladeanlagen (wie Umschlag- oder Bremsanlagen), während der Fahrt (Anfahr- und Bremsvorgänge, Witterungseinflüsse) oder bei den bahntypischen Arbeitsabläufen. Zu diesen gehört das Rangieren. Die sogenannten Rangierstöße stellen die größte Beanspruchung für die Güter beim Transport mit der Bahn dar. Ihre Stärke übersteigt das Belastungsvermögen von Containern, weswegen sie sich nur für Rangieren per Umsetzverfahren eignen.

In der **Tabelle 3-14** werden die Belastungen im Schienengüterverkehr angegeben. Die Werte richten sich nach den europäischen UIC-Bahnen.[90] Sie befördern Container in Ganzzügen und behandeln sie gesondert, so dass eigentlich nur die Werte für den Kombinierten Verkehr berücksichtigt werden müssten. Strauch bemerkt allerdings, dass bei Transporten mit anderen Bahngesellschaften, darunter fallen auch die Chinesische und die Russische Bahn, von anderen Bedingungen auszugehen ist und dass daher durchaus höhere Beanspruchungen auftreten können. *(vgl. Strauch 2010, 2.3.5; Berndt 2001, S.51)*

Die klimatischen Belastungen auf der Eurasischen Landbrücke fallen je nach Transportstrecke unterschiedlich aus. Während die nördlichen Routen über die Transsibirisch Eisenbahn v.a. im Winter sehr niedrige Temperaturen aufweisen, zeichnen sich die südlicheren Routen der Neuen Eurasischen Landbrück durch ein günstigeres Klima aus. *(vgl. Staatliches Büro zur Koordination der Neuen Eurasischen Landbrücke 2007; Amann 2007, S.76)* Beispielsweise kön-

89 siehe **Anhang 3-24**

90 Union Internationale des Chemins de Fer – Internationaler Eisenbahnverband

nen Fujitsu-Siemens, die als erste die Möglichkeit eines durchgehenden Containerzuges von China nach Deutschland über die Transsibirische Eisenbahn nutzten, ihre empfindlichen Computerbauteile nicht in den Wintermonaten auf dieser Strecke versenden, um Schäden durch die kalten Temperaturen zu vermeiden. *(vgl. Dierig, Doll 2008)*

Tabelle 3-14: *Die im Schienenverkehr wirkenden Kräfte (vgl. Strauch 2010, 2.3.5)*

Beförderungsmittel Eisenbahn	**vorwärts wirkende Kräfte**	**rückwärts wirkende Kräfte**	**seitwärts wirkende Kräfte**
Rangierverkehr	4,0g	4,0g	0,5g (a)
Kombinierter Verkehr	1,0g	1,0g	0,5g (a)
1g=9,81m/s². Die oben genannten Werte sind mit der nach unten wirkenden Schwerkraft von 1,0g sowie mit einer dynamischen Schwankung wie folgt zu verbinden: (a)= ±0,3g			

c) Fazit

Durch ihre Stabilität und ihre großen Massen kommt es bei Walzen nur selten zu Beschädigungen durch mechanische Beanspruchungen. Um zu vermeiden, dass sie rosten, ist jedoch ein gezielter Schutz vor dem Einfluss von Feuchtigkeit notwendig. Dieses Risiko betrifft den Seegüterverkehr genauso wie den Schienengüterverkehr. Daher werden die Walzen für den Transport mit Öl eingestrichen und mit Ölpapier umhüllt. Zusätzlich werden sie mit Folie verpackt.

3.4.2 Politische und organisatorische Risiken

Unter den politischen und organisatorischen Risiken (englisch: non-physical barriers) sind Handelshindernisse zu verstehen, die keinen technischen Ursprung haben, sondern größtenteils von Menschenhand geschaffen sind. Da sie v.a. den Schienengüterverkehr betreffen, soll dieser hier zuerst betrachtet werden. *(vgl. Vinokurov, Jadraliyev, Shcherbanin 2009, S.34)*

a) Schienengüterverkehr

Vinokurov, Jadraliyev und Shcherbanin nennen eine Reihe solcher Risiken, die bei Bahntransporten auf der Eurasischen Landbrücke auftreten.

Dazu zählen aufwendige Zollprozeduren an den Grenzübergängen, die zu langen Wartezeiten führen und unzählige Formalitäten erfordern. Laut Amann zeichnen sich die russischen Zollbehörden durch eine mangelnde Koordination der Instanzen, Kompetenzüberschneidungen und Wirtschaftsferne aus, dazu kommen Willkür und Bestechlichkeit. Bei der zolltechnischen Handhabung von

Leercontainern gibt es beispielsweise kein einheitliches Vorgehen. Um die Wettbewerbsfähigkeit der Transsibirischen Eisenbahn zu steigern, sei eine grundlegende Reform des russischen Zollwesens notwendig.

Ferner erfordern zufällige Kontrollen oft das Öffnen der versiegelten Container.

Ein weiteres Problem besteht in den nicht-harmonisierten Frachtraten in den GUS-Staaten. In Russland werden sie unabhängig vom Markt durch staatliche Stellen festgelegt, jedoch nicht in Abstimmung mit den deutschen, polnischen, weißrussischen, mongolischen und chinesischen Tarifen. Zwar existieren Bestrebungen zur Vereinheitlichung der Tarife der GUS-Staaten, jedoch resultieren Unterschiede in der Finanzierung der Eisenbahnen und in den Methoden zur Frachtberechnung noch immer in erhöhten Frachtkosten.

Operateure werden durch umständliche Lizenzverfahren, die Notwendigkeit vieler Genehmigungen für jeden Transport sowie lange Wartezeiten für Genehmigungen und Dokumente von amtlichen Stellen in ihrer Arbeit behindert. Hinzu kommt, dass bei jeder Ladung für eine vorgeschriebene Begleitung gezahlt werden muss. Positiv hat sich diese Begleitung durch Sicherheitsteams insofern ausgewirkt, dass bei der Transsibirischen Eisenbahn seit 1997 keine Diebstähle mehr verzeichnet wurden. *(vgl. Vinokurov, Jadraliyev, Shcherbanin 2009, S.34 und S.36f.; Amann 2007, S.41 und S.58)*

b) Seegüterverkehr

Da auf hoher See die Freiheit der Meere herrscht, gibt es dort keine Grenzen und somit entfallen die Grenz- und die Zollproblematik. Das gleiche gilt für Freihäfen.

Eine Rolle spielen die politischen und organisatorischen Risiken, wie sie für die Bahn beschrieben wurden, dagegen im Nachlauf, insbesondere, wenn dieser über mehrere Grenzen geht.

Im Straßengüterverkehr sind zusätzlich die nationalen Aufenthaltsregeln zu beachten. Die Zeit, die sich ein Fahrer in einem Land aufhalten darf, ist unterschiedlich. Außerdem existieren verschiedene lokale Gebühren, z.B. bezogen auf das Fahrzeuggewicht, das Passieren bestimmter Gebiete bzw. Städte usw. Ein weiteres Risiko stellt Diebstahl dar. *(vgl. Vinokurov, Jadraliyev, Shcherbanin 2009, S.34 und S.37)*

c) Fazit

Vinokurov, Jadraliyev und Shcherbanin konstatieren, dass die politischen und organisatorischen Risiken das größte Hindernis für den Transitverkehr auf der Eurasischen Landbrücke darstellen, da sie zu Verspätungen führen. Diese verursachen nicht nur Zusatzkosten für die Operateure, sondern schaden der Transportzuverlässigkeit. Durch die künstliche Verlängerung der Transportzeit untergraben sie einen der größten Wettbewerbsvorteile des Schienengüterverkehrs gegenüber dem Seetransport. *(vgl. Vinokurov, Jadraliyev, Shcherbanin 2009, S.37)*

Da sie durch Menschen geschaffen sind, lassen sich Ausmaß, Wirkung und Folgen der organisatorischen und politischen Risiken nicht einschätzen. Am wahrscheinlichsten führen sie zu Verspätungen und erfordern das Nachreichen von Dokumenten etc. Der Schienengüterverkehr ist deutlich stärker von solchen Risiken betroffen als der Seegüterverkehr.

3.4.3 Transportzeit

Die Transportzeit wird als eines der Hauptunterscheidungskriterien zwischen See- und Schienengütertransport angeführt und gilt als Wettbewerbsvorteil für letzteren. Von Interesse ist aber nicht nur die reine Transportdauer, sondern auch der Planungsvorlauf und die Pünktlichkeit.

a) Seegüterverkehr

Durch die deutlich längere Transportstrecke (laut EcoTransIT[91] rund 21.000km mit dem Seeschiff und weitere 1.800km mit dem LKW) über den Suezkanal bei geringer Geschwindigkeit (laut Bensel bis zu 45km/h) sind die Transportzeiten mit dem Schiff relativ lang. *(vgl. Bensel 2008, S.222)* Aus den Angeboten ergibt sich eine durchschnittliche Transportzeit auf See von 35Tagen. Hinzu kommt, dass kein direkter Transport bis Zhlobin möglich ist, so dass ein zusätzlicher Zeitbedarf von etwa einer Woche für den Nachlauf entsteht. Insgesamt beträgt die Transportzeit von Tianjin nach Zhlobin rund 41 Tage (Durchschnitt aus den Angeboten).

Eine Spedition wies auf Schwierigkeiten bei der Verladung hin, die einen Planungsvorlauf von etwa 14 Tagen erfordern. Außerdem können sie zu Verschiebungen und zusätzlichem Umladen führen. Dieser Fall trat bei der realen Verschiffung ein, so dass sich die Entladung in Hamburg um sieben Tage verspätete. Nach den bisherigen praktischen Erfahrungen sind die per Schiff verschickten Container jedoch überwiegend pünktlich oder geringfügig verspätet.

b) Schienengüterverkehr

Für den Schienengüterverkehr ist die Transportstrecke über die Eurasische Landbrücke deutlich kürzer (laut EcoTransIT rund 9.500km über Manzhouli/Zabaikalsk oder 9.300km über Alashankou/Dostyk), außerdem fahren Züge

91 siehe Kapitel 3.4.5

mit einer höheren Durchschnittsgeschwindigkeit als Containerschiffe (nach Bensel zwischen 80 und 120km/h). *(vgl. Bensel 2008, S.222)* Von Vorteil erweist sich weiterhin, dass Weißrussland mit der Bahn direkt angefahren werden kann, so dass keine zusätzliche Zeit auf den Nachlauf entfällt.

Als reine Transportzeit gibt BAHN3 18 Tage an. Hinzu kommen jedoch noch weitere mögliche Verzögerungen sowie die bereits genannte Wartezeit beim Umschlag, die nicht kalkulierbar sind. Die anderen Speditionen geben die Transportzeit per Bahn mit 25 Tagen bzw. 35 Tagen an.

Verspätungen stellen ein Problem des Schienengüterverkehrs dar. Seidelmann geht so weit, zu sagen, dass sie im Kombinierten Verkehr eher die Regel als die Ausnahme sind. 2001 hatten mehr als die Hälfte der Züge erhebliche Verspätungen. *(vgl. Seidelmann 2002, S.192)* Gründe lassen sich in den im vorhergehenden Kapitel beschriebenen politischen und organisatorischen Risiken finden. Die Infrastruktur auf der Eurasischen Landbrücke stellt einen weiteren Risikofaktor dar, der zu Verspätungen führen kann. So sind die Waggons, Container und Lokomotiven veraltet und knapp. Die Kapazitäten an den Grenzen reichen nicht aus und das Logistik- und Kommunikationsnetzwerk ist schlecht entwickelt. Die unterschiedlichen Spurweiten und in diesem Zusammenhang die Notwendigkeit zur Umspurung verschärfen durch ebenfalls knappe Kapazitäten der Umspurungsanlagen das Problem an den entsprechenden Grenzen. *(vgl. Vinokurov, Jadralyiev, Shcherbanin 2009, S.34)*

Allgemein hängt die Transportzeit auf der Eurasischen Landbrücke von der geographischen Lage des Versand- und Empfangsortes ab sowie deren Anbindung an das Schienennetz der eurasischen Eisenbahnen. Einen entscheidenden Einfluss haben die Anzahl der zu überquerenden Grenzen und die damit verbundenen Formalitäten sowie die Qualität und Auslastung der jeweiligen Schienennetze. *(vgl. Amann 2007, S.31)*

Die organisatorischen Strukturen im Schienengüterverkehr führen zu einer umständlichen und zeitaufwendigen Planung, die bei jedem beteiligten Eisenbahnunternehmen einzeln stattfindet. Das äußerte sich beispielsweise darin, dass die Angebotserstellung teilweise drei Monate in Anspruch nahm.

c) Fazit

Die kürzere Transportzeit ist ein Wettbewerbsvorteil für die Bahn. Nachteilig wirken sich hingegen die häufigen Verspätungen und Verzögerungen v.a. an den Grenzübergängen aus. Sie stellen einen unberechenbaren Risikofaktor dar. Bei einem Bahntransport wäre eine Finanzierung über ein Akkreditiv damit nicht realisierbar. Nach den bisherigen praktischen Erfahrungen sind Seegütertransporte dagegen in den meisten Fällen pünktlich. Die bei dem konkreten Transport beobachtete Verspätung lässt sich mit den Auswirkungen der Wirtschaftskrise auf die Containerschifffahrt erklären und entspricht nicht dem Normalfall.

Da Walzen (Havariefälle ausgenommen) keine zeitkritischen Güter sind, sondern sich ihr Bedarf langfristig planen lässt, stellen die längeren Transportzeiten des Seegüterverkehrs kein Hindernis dar, problematisch sind hingegen die unzuverlässigen Liefertermine im Schienengüterverkehr.

Durch den deutlich kürzeren Planungsvorlauf ist der Seegüterverkehr außerdem wesentlich flexibler als der Schienengüterverkehr, was einen weiteren Vorteil darstellt.

3.4.4 Streckenspezifische Risiken

a) Seegüterverkehr

Ein für die Seeschifffahrt spezifisches Risiko ist die Piraterie. 2009 gab es insgesamt 406 tatsächliche und versuchte Angriffe auf Schiffe. Damit ist die Zahl zum dritten Mal in Folge gestiegen. Am häufigsten waren Schiffe deutscher Betreiber betroffen, gefolgt von griechischen und singapurischen. Nach Schiffstypen stellten Containerschiffe die zweitgrößte Gruppe nach den Massengutfrachtern dar.

Einen Schwerpunkt bildet die Piraterie in den Gewässern um Somalia. Mehr als die Hälfte der 2009 registrierten Angriffe gehen auf somalische Piraten zurück, dieser Wert hat sich im Vergleich zum Vorjahr bereits verdoppelt. Dabei haben sich die Orte der Angriffe in Regionen mit über 1.000 Seemeilen Entfernung von Mogadischu verschoben, so dass sie inzwischen bis zu den Gewässern um Kenia, Tansania, den Seychellen, Madagaskar und dem Arabischen Meer reichen. Die somalischen Piraten sind stark bewaffnet und gelten als sehr gefährlich. Sie greifen alle Arten von Schiffen an, entern diese und bringen sie zur somalischen Küste. Um die Crew und das Schiff wieder frei zu lassen, verlangen sie ein Lösegeld. Die Piraten profitieren davon, dass innerhalb der Küstenzone nur der Staat Somalia berechtigt ist, sie zu bekämpfen. Dazu ist Somalia als ein „failed state" jedoch nicht in der Lage. Durch den UNO-Sicherheitsrat wurde die internationale Staatengemeinschaft unter Zustimmung der formalen somalischen Regierung dazu ermächtigt, in den somalischen Hoheitsgewässern gegen Piraten vorzugehen. Im ersten Halbjahr 2010 bewirkten die Marineaktivitäten bereits ein Sinken der Vorfälle im Golf von Aden. Das Risiko bleibt jedoch in einer weitläufigen Region um Somalia bestehen.

Sowohl der Golf von Aden als auch andere durch Piraterie gefährdete Gebiete liegen auf der Route der chinesisch-europäischen Containerschifffahrtslinien.

Dazu gehören weiterhin die südostasiatischen Gewässer, wie das Südchinesiche Meer, die Straße von Malakka und die Straße von Singapur. In diesen Regionen konnte die Piraterie zwar durch starke Kontrollen der Küstenstaaten eingedämmt werden, allerdings wurden dort in der ersten Hälfte von 2010 wieder verstärkt Vorfälle gemeldet. Das ICC International Maritime Bureau warnt daher, dass es zwar signifikante Verbesserungen der Sicherheit gab, aber trotzdem ein unterschwelliges Risiko vermehrter Vorfälle ohne vorherige Anzeichen bestehen bleibt. *(vgl. ICC International Maritime Bureau 2010a, S. 15, S.20ff. und S.25f. und 2010b, S.20f.; Schiedmair 2009)*

Welche Relevanz die Piraterie für die chinesisch-europäische Schifffahrt hat, verdeutlicht die **Abbildung 3-16**. Dort wurde eine Karte der Schiffsroute mit einer Karte, in der das ICC International Maritime Bureau alle gemeldeten Vorfälle seit Beginn 2010 eingetragen hat, kombiniert.

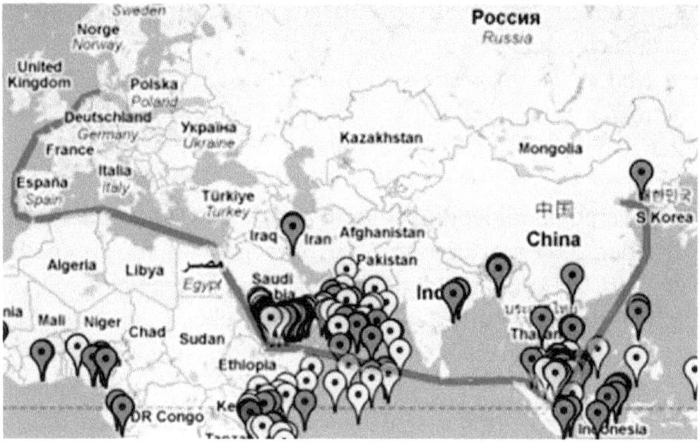

Abbildung 3-16: *Piraterie entlang der Seeroute zwischen China und Europa*[92] *(gelb – versuchte Angriffe, rot – tatsächliche Angriffe, lila – verdächtige Schiffe; farbig auf CD)*

Jede fünfte Reederei ist bereits von den Piratenangriffen betroffen. Als Schutz wird v.a. in passive Sicherheit investiert, wie Sicherheitsvorkehrungen an Bord, Notfallpläne und erhöhte Geschwindigkeit. Zwar bestünde auch die Möglichkeit eines sicheren Umweges um das Kap der Guten Hoffnung, auf Grund der damit verbundenen sehr viel höheren Reisekosten nehmen die meisten Ree-

92 Selbst erstellt mit den Karten von EcoTransIT (siehe nachfolgendes Kapitel, **Anhang 3-25**) und der IMB Live Piracy Map 2010 des ICC International Maritime Bureau, *http://www.icc-ccs.org/index.php?option=com_fabrik&view=visualization&controller=visualization.googlemap&Itemid=219 (Zugriff: 13.09.2010).*

dereien jedoch eher das Risiko, das mit der Route über den Golf von Aden verbunden ist, in Kauf.

Ein Piratenangriff zählt als „Havarie grosse“ und wird daher von den Versicherungen (Kasko-, Waren- und Schiffshaftpflichtversicherung) getragen. Durch die immer weiter steigenden Lösegeldforderungen der Piraten kann das Risiko aber bereits nicht mehr abgedeckt werden. Darüber hinaus führt es zu steigenden Versicherungsbeiträgen, die die Reeder zusätzlich belasten. Der Abschluss einer zusätzlichen Lösegeldversicherung gilt als umstritten, da er einen Anreiz für die Piraterie darstellt und ihr das Geld für bessere Ausrüstungen verschafft. *(vgl. Brillen, Hussla 2009)*

Seit Anfang 2009 hat das MSCHOA (Maritime Security Center Horn of Africa) einen Transitkorridor eingerichtet, der durch die Marine gesichert wird. Das ICC International Maritime Bureau empfiehlt, diesen zu nutzen und eng mit dem MSCHOA zusammenzuarbeiten. *(vgl. ICC International Maritme Bureau 2010a, S.23)*

b) Schienengüterverkehr

Ein Risiko für den Schienenverkehr auf der Neuen Eurasischen Landbrücke stellt die Streckenführung durch teilweise politisch instabile Regionen dar.

Innerhalb von China verläuft sie durch die Provinz Xinjiang. Diese Provinz, die den Status einer Autonomen Region hat, wird traditionell von Uiguren, einem muslimischen Turk-Volk, bewohnt. Sie stellen mit über acht Millionen die größte Volksgruppe in Xinjiang. Jedoch werden in der Region seit den fünfziger Jahren systematisch Han-Chinesen angesiedelt, deren Bevölkerungsanteil mittlerweile fast 50% erreicht hat. Das führt zu ethnischen Konflikten und Unabhängigkeitsbestrebungen, da die Uiguren sich von den Han-Chinesen diskriminiert und unterdrückt fühlen. China erklärte bereits vier Uiguren-Gruppen zu terroristischen Vereinigungen und macht die Separatisten für etwa 300 Anschläge seit 1990 verantwortlich. Zuletzt kam es im Juli 2009 in der Provinzhauptstadt Urumqi zu schweren Unruhen zwischen Uiguren und Han-Chinesen, bei denen über 150 Menschen starben und etwa 1.000 verletzt wurden. *(vgl. Hoffbauer 2009)*

Die südlich verlaufenden Korridore auf der Eurasischen Landbrücke passieren teilweise instabile Regionen Zentralasiens, das betrifft v.a. die Kaukasusregion. So bestehen Spannungen zwischen Aserbaidschan und Armenien um die Region Berg-Karabach sowie zwischen Russland und Georgien um die Regionen Südossetien und Abchasien, die in beiden Fällen bereits zu Kriegen geführt haben.

Aber auch in anderen Regionen Zentralasiens besteht das Risiko von Unruhen, wie die Lage in Kirgisistan im Juni diesen Jahres gezeigt hat. In der Grenzregion zu Usbekistan gibt es immer wieder Spannungen. *(vgl. Auswärtiges Amt 2010, Länderinformationen zu Aserbaidschan und Georgien; Tagesschau 2010)*

c) Fazit

Streckenspezifische Risiken bestehen sowohl in der Schifffahrt in Form von Piraterie als auch im Bahnverkehr durch politisch instabile Regionen.

Bezieht man die Zahl der Übergriffe durch Piraten auf die Zahl der Transite durch den Suezkanal, erscheint das Risiko relativ gering (z.B. 2009: 406 Angriffe zu 17.228 Schiffen auf dem Suezkanal; *vgl. ICC International Maritime Bureau 2010a, S. 15; Suez Canal Authority 2010*). Statt den weniger gefährdeten, aber kostspieligeren Umweg über das Kap der Guten Hoffnung zu nutzen, nehmen die Reedereien dieses Risiko in Kauf und versuchen sich durch passive Sicherheitsmaßnahmen und Versicherungen zu schützen. Allerdings steigt das Risiko und die Belastung für die betroffenen Reeder ist enorm.

Das Risiko von Unruhen, das auf der Eurasischen Landbrücke besteht, ist unkalkulierbar. Es betrifft jedoch v.a. die südlich verlaufenden Korridore, die momentan nicht für durchgehende Transporte von China nach Europa in Frage kommen. Genutzt werden zur Zeit zwei Korridore. Der von China nach Russland verlaufende Korridor (TSR) passiert keine von Unruhen gefährdeten Gebiete. Der von China über Kasachstan nach Russland verlaufende Korridor (Nördlicher Transasiatischer Korridor) passiert die chinesische Provinz Xinjiang, wo es häufiger zu Konflikten zwischen Uiguren und Han-Chinesen kommt.

3.4.5 Externe Kosten

Externe Kosten sind die Drittwirkungen ökonomischer Aktivitäten. Im Verkehr entstehen sie zum einen durch die Vorhaltung der Infrastruktur und zum anderen durch den Verkehrsmittelbetrieb. Dem Zweiten kommt eine wesentlich größere Bedeutung zu. Als externe Kosten treten hier Unfalls- und Unfallfolgekosten, Schadstoffemissionen (vor allem NO_x, CO, HC, Partikel/Stäube), CO_2-Ausstoß, Lärmemission sowie Schäden durch Erschütterungen auf. *(vgl. Aberle 2003, S.572 und S.581f.)*

Bei den externen Kosten gelten sowohl der Seegüterverkehr als auch der Schienengüterverkehr als besonders umweltschonend, insbesondere gegenüber den Verkehrsträgern Straßengüterverkehr und Luftfahrt. Das verdeutlicht die **Abbildung 3-17**, die die externen Kosten der verschiedenen Verkehrsträger in Westeuropa vergleicht.

Zum Vergleich zwischen ihnen wird eine von der Spedition M+R Speedag durchgeführte Studie heran gezogen, in der der Schadstoffausstoß eines Containerschiffes von China nach Europa sowie der der Eisenbahnen auf der Eurasischen Landbrücke untersucht wurden.

Außerdem wurden mit Hilfe von EcoTransIT, einem vom Institut für Energie- und Umweltforschung (ifeu) und der Rail Management Consultants GmbH entwickelten Programm zur Berechnung der Auswirkungen des Güterverkehrs, die drei angebotenen Transportketten untersucht (1. Bahn über Manzhouli/Zabaikalsk, 2. Bahn über Alashankou/Dostyk, 3. Seeweg über Hamburg und Dresden). Es berücksichtigt sowohl den direkten Energieverbrauch und die Emissionen beim Betrieb der Fahrzeuge, als auch den indirekten Energieverbrauch und die indirekten Emissionen, die bei der Erzeugung, dem Transport und der Verteilung der Energie für den Betrieb der Fahrzeuge entsteht.[93]

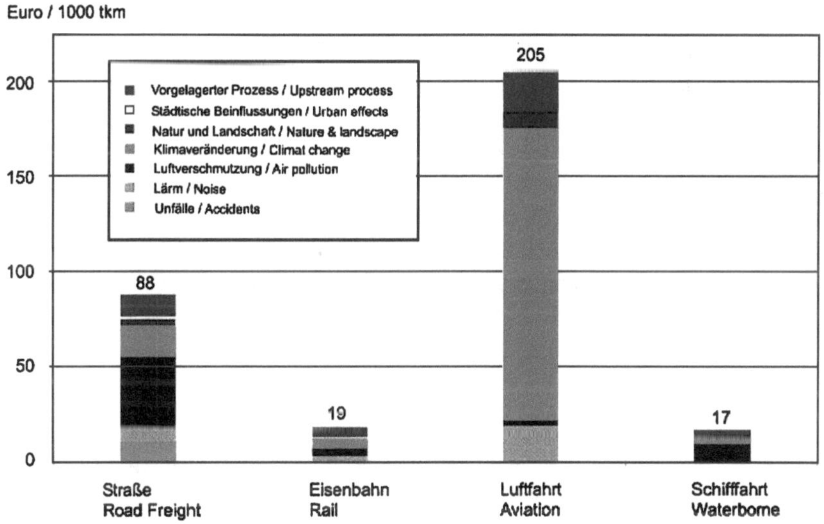

Abbildung 3-17: *Externe Kosten des Güterverkehrs in Westeuropa (Rothengatter 2002, S.34, farbig auf CD)*

a) Seegüterverkehr

Ein Containerschiff verbrennt durchschnittlich 200t Schweröl und produziert 634t CO_2 pro Tag. Die gesamte Schifffahrt trägt mit etwa 4% zum globalen

93 http://www.ecotransit.org/ecotransit.de/phtml
Die vollständige Rechnung befindet sich im **Anhang 3-25**.

CO_2-Ausstoß bei. Der Ausstoß eines einzelnen Containerschiffes entspricht über ein Jahr gerechnet dem von rund 60.000 Mittelklasse-PKWs.

Bei diesen hohen Werten muss jedoch berücksichtigt werden, dass kein anderes Verkehrsmittel so viele Container auf einmal transportieren kann. Dadurch gehören Containerschiffe zu den energieeffizientesten Transportmitteln, v.a. gegenüber der Luftfracht, aber auch gegenüber dem Schienengüterverkehr. *(vgl. Salce 2009, S.12)*

Bei der untersuchten Route macht der Nachlauf im Straßengüterverkehr zwar mit rund 1.800km nur 8% der gesamten Transportstrecke aus, trägt aber zu einem Drittel zum CO_2-Ausstoß und zum Kraftstoffverbrauch bei. *(EcoTransIT)*

b) Schienengüterverkehr

Der Schadstoffausstoß im Schienengüterverkehr richtet sich danach, ob die jeweilige Strecke elektrifiziert ist oder nicht. Dort, wo der Einsatz von Diesel-Lokomotiven notwendig ist, verursachen sie einen direkten CO_2-Ausstoß. Bei dem Transport über Manzhouli/Zabaikalsk sind das nach der Rechnung von EcoTranIT rund 1.000km und damit etwa ein Zehntel der Gesamtstrecke. Bei dem Transport über Alashankou/Dostyk sind es rund 3.300km und damit mehr als ein Drittel der Gesamtstrecke.

Dort, wo E-Loks eigesetzt werden können, gibt es zwar keinen direkten Ausstoß, allerdings muss die Art der Stromerzeugung mit berücksichtigt werden. In China stammen 80% des Stromes aus Kohlekraftwerden, in Russland 60% aus Kohle- und Gaskraftwerken. Da ein großer Teil der Strecke durch diese beiden Länder führt, wirkt sich das negativ auf die Umweltverträglichkeit der Bahntransporte über die Eurasische Landbrücke aus. *(vgl. Salce 2009, S.12; EcoTransIT)*

c) Fazit

Wird nur der direkte Schadstoffausstoß betrachtet, erreicht die Bahn deutlich niedrigere Werte als das Containerschiff. Dabei muss jedoch beachtet werden, dass ein Containerschiff wesentlich mehr Container transportieren kann als ein einzelner Zug. So rechnet Salce exemplarisch vor, dass ein 13.800TEU-Containerschiff der neusten Generation einem 89km langen Güterzug entspräche. Dazu kommt, dass bei der Stromerzeugung unter anderem große Mengen an Kohlendioxid, Schwefeldioxid und Stickstoffmonoxid freigesetzt werden, die den indirekten Schadstoffausstoß der Bahn darstellen. Solange sich also nichts am Energiemix in den Ländern entlang der Eurasischen Landbrücke ändert, bleibt das Containerschiff letztendlich energieeffizienter als die Bahn. *(vgl. Salce 2009, S.12; EcoTransIT)*

Als Wettbewerbsvorteil für den jeweiligen Verkehrsträger lassen sich niedrige externe Kosten nur umsetzen, wenn sie am Markt internalisiert werden und somit einen Kostenvorteil darstellen. Aberle nennt dafür vier verschiedene Verfahren: durch staatliche Ge- und Verbote, durch Steuer- und Abgabenlösungen, durch politisch vorgegebene Umweltstandards oder durch Verhandlungen zwischen den Betroffenen ohne staatliche Mitwirkung. *(vgl. Rothengatter 2002, S.34; Aberle 2003, S.577ff.)*

3.5 Fazit

Der durchgeführte Vergleich zeigt, dass sich nicht nur die Containerschifffahrt zwischen Europa und Fernost für Transporte von China nach Weißrussland eignet, sondern die Bahn eine ernsthafte Alternative darstellt. Nach den Angeboten zu urteilen, ist sie das auch in preislicher Hinsicht. Werden die anderen untersuchten Kriterien mit berücksichtigt, zeigt sich aber, dass der Bahntransport über die Eurasische Landbrücke mit einer Vielzahl von unkalkulierbaren Risiken behaftet ist, die sich größten Teils durch Unterschiede im Organisationsablauf und mangelnde Erfahrungen auf der Relation begründen lassen. Die Containerschifffahrt über den Suezkanal ist dagegen seit langem etabliert und eingespielt. Die hier vorherrschenden Risiken sind berechenbar und Absicherungen vorhanden und bekannt.

4 Ausblick und Schlussfolgerungen

Abschließend sollen die Entwicklungen im See- und Schienengüterverkehr der letzten Jahre betrachtet werden, um Schlussfolgerungen für mögliche Kostenentwicklungen in der nächsten Zeit zu treffen.

Als erstes werden einige allgemeine Tendenzen in der Logistik vorgestellt. Ihre Auswirkungen betreffen v.a. die zukünftige Ausrichtung und das Angebot von Speditionen.

Anschließend werden der See- und der Schienengüterverkehr zunächst einzeln betrachtet. Der Schwerpunkt soll auf den angebotenen Relationen liegen. Für sie werden verschiedene Entwicklungen und Vorhaben vorgestellt, die Einfluss auf die Transportkosten und –preise haben.

Zwischen den Entwicklungen der beiden Verkehrsträger besteht ein Zusammenhang, auf den separat eingegangen wird.

4.1 Allgemeine Tendenzen in der Transportlogistik

Auf dem Güterverkehrsmarkt zeichnen sich drei allgemeine Tendenzen ab, die einander bedingen bzw. verstärken: der Güterstruktureffekt, der Güterwerteffekt und der Logistikeffekt.

Der Güterstruktureffekt besagt, dass sich der Anteil von Massengut an den Transportgütern verringert, während gleichzeitig der Anteil sogenannter Kaufmannsgüter zunimmt. Dabei handelt es sich um kleinere Mengenaufkommen mit hohem Wert. Folglich sinkt die Nachfrage nach Komplettladungen für eine Transporteinheit, wie ein Schiff oder ein Zug, während die Ansprüche an die Transportdurchführung steigen. Durch einen Strukturwandel in den meisten Industrieländern von den klassischen Großindustrien hin zu Dienstleistungen und den neuen Industrien sowie innerhalb der Industrien sinkt die Bedeutung von Massengütern. Immer weniger große Mengen einer Gutart werden über längere Zeiträume auf gleich bleibenden Relationen transportiert. Der Güterstruktureffekt bewirkt eine Veränderung der Transportanforderungen und führt dadurch zu einer Veränderung des Modal Split.

Diese Entwicklung begründet ebenfalls den Güterwerteffekt, wonach die Transportgüter ständig teurer, hochwertiger und empfindlicher werden. In der Konsequenz können sie durch höhere Transportkosten belastet werden.

Die durch den Güterstruktureffekt bedingte Vielzahl an Gütern erfordert eine großflächige, aber feingliedrige Verteilung von vielen verschiedenen Versendern zu vielen verschiedenen Empfängern. Durch ihren höheren Wert erfordern die Güter eine ziel- und zeitgenaue Zustellung. Dieser qualitative Wandel der

Transportanforderungen wird als Logistikeffekt bezeichnet. Er resultiert ferner aus einer stärkeren Arbeitsteilung und der Konzentration auf Kernkompetenzen. Industrieunternehmen und Dienstleister lagern Logistikleistungen aus und kaufen sie in Form von Leistungspaketen am Markt ein. *(vgl. Schubert 2000b, S.102; Berndt 2001, S.73f.)*

4.2 Entwicklungen im Seegüterverkehr

Die Containerschifffahrt gilt als Indikator für die Lage des Welthandels.

Seit 1990 stieg der Containertransport jährlich um durchschnittlich 10% und wuchs damit schneller als der Welthandel und die Weltproduktion. Getragen wurde diese Entwicklung v.a. von den Transporten zwischen Asien und Europa, insbesondere vom Außenhandel mit China. Durch einen starken Kapazitätsausbau konnte sich die deutsche Containerschifffahrt international an die Spitze setzen. 2004 gehörte fast ein Drittel der internationalen Containertransportkapazität deutschen Eignern, bis 2008 stieg der Anteil auf fast 40%. Die Reedereien orderten weiterhin viele neue Schiffe und bauten ihre Belegschaften aus. Darüber hinaus kam es international zu vielen Übernahmen innerhalb der Branche sowie zu Zusammenschlüssen zu Allianzen. *(vgl. Wirtschaftswoche 2004; Krummheuer 2005; Mertens 2006, Wirtschaftswoche 2008a und 2008b)*

Erste Hinweise auf eine Trendwende in der Containerschifffahrt wurden bereits 2006 in Form von sinkenden Frachtraten und sich abzeichnenden Überkapazitäten sichtbar. Die Ursache hierfür waren die im Bau befindlichen neuen Schiffe (insbesondere die der neusten Generation), die innerhalb von zwei Jahren die vorhandenen Containerkapazitäten um 50% erweitern würden. Gleichzeitig stiegen die Treibstoff- und Personalkosten in erheblichem Maß, sodass niedrigere Einnahmen höheren Ausgaben gegenüberstanden und somit die Gewinne der Reeder sanken. *(vgl. Mertens 2006; Wirtschaftswoche 2008a)*

Die weltweite Wirtschaftskrise traf die Containerschifffahrt besonders hart, da sie einen Nachfrageinbruch auf den wichtigen internationalen Routen (v.a. zwischen Europa und Fernost) auslöste, während gleichzeitig die Kapazitäten wuchsen. Im Laufe des Jahres 2008 sanken die Frachtraten dramatisch, teilweise so stark, dass ganze Liniendienste eingestellt und Schiffe stillgelegt wurden. Konnten zu Spitzenzeiten 3.000USD für den Transport eines Standardcontainers von Asien nach Europa verlangt werden, waren es Ende August 2008 nur noch 1.000USD. Bis Mitte 2009 sank der Preis sogar weiter auf 300 bis 500USD. Jeder beförderte Container musste von den Reedereien mit etwa 1.000USD subventioniert werden, so dass sich die Containerschifffahrt zu einem Verlustgeschäft entwickelte. *(vgl. Granzow 2008; Wirtschaftswoche 2008b; Brückner 2008; Sekareva 2009)*

Verschärft wurde die Krise für die Reedereien durch die ständig wachsenden Containertransportkapazitäten. 2009 bestand die weltweite Handelsflotte aus etwa 100.000 Schiffen. Weitere 10.000 befanden sich im Auftrag, wobei bereits 500 Schiffe mit 10% der weltweiten Containerkapazität still gelegt worden waren (mit steigender Tendenz). Viele Reedereien versuchten daher, ihre Bestellungen zu verzögern oder ganz zu stornieren. Den Verlust von Anzahlungen in Millionenhöhe nahmen sie teilweise in Kauf. Der Markt für gebrauchte Schiffe brach zusammen und es wurden vermehrt Schiffe verschrottet. *(vgl. Granzow, Krummheuer, Borchardt 2008; Wirtschaftswoche 2008c; Sakarev 2009; Krummheuer, Palm, Schneider 2009)*

Da die Ursache für die Situation der Containerschifffahrt jedoch keine grundlegende Strukturkrise sondern vielmehr eine konjunkturelle Krise war, blieb die Branche trotzdem zuversichtlich und baute auf das Fortbestehen der Globalisierung und des weltweiten Warenaustausches. Nicht alle Routen der Linienschifffahrt waren vom Preisverfall betroffen und in anderen Bereichen wie der Spezialschifffahrt oder bei Schwerguttransporten gab es keine Krise. *(vgl. Granzow, Krummheuer, Borchardt 2008; Wirtschaftswoche 2009; Krummheuer, Palm, Schneider 2009)*

Die von vielen Regierungen verabschiedeten Konjunkturprogramme dienten v.a. dem Ausbau der Infrastruktur, was dazu führte, dass sich der Schüttguttransport bereits Mitte 2009 wieder erholte. In der ersten Jahreshälfte 2010 kam es auch im Welthandel und folglich in der Containerschifffahrt zu einer Erholung. Es wurde wieder vermehrt aus Asien importiert, so dass der Asien-Europa-Verkehr rund 20% Wachstum verzeichnete. Die Nachfrage übertraf die zuvor geplanten Mengen und gerade die Transportkapazitäten von China nach Europa reichten nicht mehr aus, so dass es teilweise sogar zu Engpässen kam. Stillgelegte Kapazitäten konnten wieder reaktiviert werden. *(vgl. Krummheuer, Palm, Schneider 2009; Krummheuer, Schneider 2010)*

Das starke Wachstum im Moment ist durch die niedrige Ausgangssituation bedingt. Insgesamt wird für 2010 eine „echte Steigerung" der Containerschifffahrt von 9-10% erwartet. Allerdings ist die Krise noch nicht vollständig überwunden und es kann auch weiterhin zu Rückschlägen kommen. Beispielsweise wird der Preisdruck auch weiterhin bestehen bleiben, da mit dem steigenden Transportaufkommen die still gelegten Schiffe wieder in Betrieb genommen werden. Dennoch ist mit einem Preisanstieg zu rechnen, da die Frachten während der Wirtschaftskrise nicht kostendeckend waren und daher nicht auf diesem niedrigen Niveau verbleiben können.

Generell sind die Märkte für die Containerschifffahrt schneller und hektischer geworden, was sich in unbeständigen Preisen auswirkt. Von der Branche wird daher in Zukunft ein höheres Maß an Flexibilität verlangt, über das sie momentan noch nicht verfügt. *(vgl. Sekareva 2009; Krieger 2009; Krummheuer, Schneider 2010)*

4.3 Entwicklungen im Schienengüterverkehr

Die in diesem Kapitel untersuchten Entwicklungen konzentrieren sich auf die beiden Eisenbahn Korridore der Eurasischen Landbrücken, für die Angebote vorliegen, sowie auf die daran beteiligten Eisenbahnen.

Die Transsibirische Route (TSR) verläuft von China über die Transsibirische Eisenbahn durch Russland und verfügt über einen Anschluss nach Weißrussland. Sie ist eine seit langem existierende und erprobte Strecke, die v.a. von der Russischen Bahn (RZD) und der Deutschen Bahn (DB) gefördert wird.

Zur Koordination dieses Korridors und um wettbewerbsfähige Transportprodukte zu erstellen, wurden verschiedene Organisationen und Unternehmen gegründet, von denen drei an dieser Stelle genannt werden sollen.

Der CCTT[94] ist eine 1997 unter anderem vom russischen Eisenbahnministerium und der DB gegründete Organisation. Er dient der Förderung des Transitverkehrs über die TSR sowie dem Außenhandel zwischen den asiatischen und europäischen Ländern basierend auf einem Gütertransport über die TSR. Dafür koordiniert er die Aktivitäten aller Beteiligten entlang der TSR. Mittlerweile hat der CCTT 114 Mitglieder aus 22 Ländern, u.a. die wichtigsten Eisenbahnunternehmen, Spediteure, Frachtführer, Operateure, Häfen, staatliche Organisationen etc. *(vgl. CCTT 2006)*

Weiterhin existieren zwei Joint Ventures mit Beteiligung von RZD und DB.

Zum einen wurde 2008 die Aktiengesellschaft Eurasia Rail Logistics (ZAO ERL) von folgenden Bahnen gegründet: Railion Deutschland AG (34,9%), RZD (40,1%), die polnische PKP Cargo S.A. (15%) und die Eisenbahnen Weißrusslands (10%). Das Unternehmen dient der Förderung des Korridors von Berlin über Warschau nach Weißrussland und soll Westeuropa mit Russland verknüpfen. *(vgl. Capell 2009, S.6f.; Amann 2007, S.52; DB Schenker 2008b)*

Daneben wurde 2008 von der RZD und der DB die Trans Eurasia Logistics GmbH gegründet, an der beide Bahngesellschaften gleiche Anteile halten. Geplant ist, dass später noch die chinesische Eisenbahn zu dem Joint Venture hin-

94 Coordinating Council on Transsiberian Transportation – Koordinationsrat für Transsibirische Verkehre

zukommen wird. Das Unternehmen verfolgt das Ziel, Regelverkehre zwischen Deutschland bzw. Europa, Russland bzw. GUS und China aufzubauen, d.h. wöchentliche Blockzüge mit festen Relationen. Das Angebot unterteilt sich in den sogenannten Company Train, einen von einem Versender ausgelasteten Ganzzug, und den sogenannten Public Train, der von mehreren Versendern genutzt werden kann. Dabei handelt es sich um das erste Angebot dieser Art über die gesamte Landbrücke. *(vgl. Krieger 2009; DB Schenker 2009; Trans Eurasia Logistics 2010a)*

Im Januar 2008 schickte DB Schenker testweise einen Containerzug von Beijing über die Mongolei, Russland, Weißrussland und Polen nach Deutschland. Nach fünfzehn Tagen Fahrzeit erreichte er am 24.01.2008 Hamburg.[95] Der damalige Vorstandsvorsitzende der DB, Hartmut Mehdorn, verkündete in diesem Zusammenhang, dass bis 2010 reguläre Güterzüge zwischen China und Deutschland möglich seien (auf der Strecke von China über Russland, Weißrussland und Polen nach Deutschland). Später verkündete die DB, der Start des Regelverkehres sei von der Nachfrage abhängig, da für den Betrieb die Verkehre gebündelt und in beiden Richtungen eine gewisse Auslastung sicher gestellt werden müsse. Während der Company Train sofort angeboten werden konnte, kam es beim Public Train zu Verzögerungen. Ursprünglich sollten ab Februar 2009 Züge fahren, durch die Auswirkungen der Wirtschaftskrise verlor das Projekt jedoch seine Priorität und wurde mehrmals verschoben. Seit September 2010 wird der Public Train für Sendungen ab zwei Containern offiziell angeboten. *(vgl. DB Schenker 2008a; Spiegel 2008; DB Schenker 2008c; Verkehrsrundschau 2008; Dierig, Doll 2008; Krieg 2009; Trans Eurasia Logistics[96] 2010a, S.8)*

Auf der TSR wird der Hauptanteil der Strecke von der RZD betrieben, so dass von ihr der größte Einfluss auf die Frachtraten und deren Entwicklung ausgeht.

90% der Einnahmen bei den Gütertransporten entfallen in Russland auf internationale Transporte. Zur Durchlasskapazität der TSR gibt es nach Amann keine nachvollziehbaren Berechnungen. Sie wird zwischen 200.000 und 500.000TEU pro Jahr angegeben. Die Steigerungsfähigkeit liegt demnach zwischen 600.000 und 1,5 Mio. TEU pro Jahr. Allerdings ist die Strecke um bis zu

95 Obwohl dies nicht der erste Testzug von China nach Europa war, erhielt er viel Aufmerksamkeit in den Medien. Von den sechziger Jahren bis zum Zerfall der Sowjet Union hatte es schon einmal Containerzüge auf dieser Relation gegeben. Und von chinesischer Seite wurde bereits vor dem deutschen Engagement auf der Strecke mehrere Testzüge gestartet, der erste im März 2005. *(vgl. Dierig, Doll 2008; Neue Zürcher Zeitung 2009)*

96 außerdem Telefongespräch vom 06.10.2010

50% unterausgelastet. *(vgl. Vinokurov, Jadraliyev, Shcherbanin 2009, S.21; Amann 2007, S.31)*

Die folgende Tabelle zeigt die Entwicklung des Transitverkehrs auf der TSR 1981 und von 1999 bis 2006.

Tabelle 4-1: *Transit-Containerverkehr auf der TSR 1981 und 1999-2006 (Amann 2007, S.32)*

Jahr	1981	1999	2000	2001	2002	2003	2004	2005	2006
TEU	140.000	34.622	55.351	67.296	70.562	117.136	155.357	126.000	40.000

Zu höheren Transportkosten führt seit dem 01.07.2010 ein Transitzoll in Höhe von 18% Mehrwertsteuer auf die Frachtrate. Er geht auf Reglungen innerhalb der Zollunion aus Russland, Kasachstan und Weißrussland zurück, wird aber nur von Russland (und damit nur auf den russischen Streckenabschnitt) erhoben. Zwar wird dieser Betrag offiziell zurück erstattet, wenn nachgewiesen werden kann, dass die Transportgüter Russland wieder verlassen haben. Praktisch lässt sich dies durch umständliche Nachweisverfahren jedoch nur in den seltensten Fällen bewerkstelligen. Daher stellt der Transitzoll eine Art Kostenerhöhung für den Eisenbahngüterverkehr durch Russland dar. Ab dem 01.01.2011 sollen weitere Änderungen hinzukommen, es ist aber noch nicht klar, welcher Art.[97]

Von den verschiedenen Strecken südlich der TSR konnte lediglich der Nördliche Trans-Asiatische Korridor als tatsächlich nutzbare Alternative identifiziert werden. Er verläuft von China über Kasachstan nach Russland und von dort weiter nach Europa.

Das Ziel, einen Korridor zu errichten, der wirtschaftliche und technische Vorteile gegenüber der TSR bietet und überdies von Russland unabhängig ist, konnte somit noch nicht erreicht werden. *(vgl. Wagner 2004)*

Einen Einfluss auf die Entscheidung zwischen den beiden Korridoren hat unter anderem der Versendeort. Befindet sich dieser in Nordostchina, kommt wahrscheinlich die TSR zum Einsatz. Potential für den Nördlichen Trans-Asiatischen Korridor liegt v.a. in Xinjiang und anderen west- und zentralchinesischen Provinzen. Die Go-West-Politik[98] der chinesischen Regierung sowie der

97 Telefongespräch mit InterRail Services, 03.09.2010
Eine Transitzoll hat es bereits vor einigen Jahren schon einmal gegeben und wird auch von Amann erwähnt *(vgl. 2007, S.58)*. Im Kostenvergleich in Kapitel 3.3 wurde der resultierende zusätzliche Betrag nicht berücksichtigt, da die entsprechende Reglung erst später in Kraft trat.

98 Durch diese Kampagne, die seit 1999 besteht, sollen die zentral- und westchinesischen Provinzen wirtschaftlich entwickelt werden, um die Unterschiede zu den Ostprovinzen

wachsende Außenhandel zwischen China und Zentralasien werden hier zu einem Nachfrageanstieg in beiden Richtungen führen. *(vgl. Nuttall 2008; Vinokurov, Jadraliyev, Shcherbanin 2009, S.15)*

Hinsichtlich der Transportkosten ist in China und Kasachstan mit einer Erhöhung der Frachtraten zu rechnen.[99]

Die Kasachische Bahn benötigt diese als zusätzliche Einnahmen zur Finanzierung von Neubau- und Modernisierungsprojekten. Die Frachtraten sollen zwischen 2008 und 2012 jährlich um etwa 15% steigen. Bis 2012 sollen 7,5 Mrd. USD in die Eisenbahninfrastruktur fließen. Es existieren zwölf große Projekte, die den Bau von 1.715km neuer Gleise und die Elektrifizierung von weiteren 2.185km vorsehen. Darüber hinaus existiert ein Programm zur Modernisierung der Eisenbahn bis 2020, das eine Investition von insgesamt 36,5 Mrd. in 14.500km Gleisen sowie rollendes Material enthält. Einige der Strecken sind Teile der Landbrückenprojekte.

Zwar soll der Privatsektor einen großen Teil der Investitionen tragen, aber gerade internationale Investoren sind eher skeptisch. *(vgl. Nuttall 2008; Nuttall 2009)*

In Kasachstan entfallen 72% der Einnahmen bei den Gütertransporten auf internationale Verkehre.

Täglich passieren 520 bis 550 Waggons den Grenzübergang Alashankou/Dostyk, 70% der Transportgüter sind containerisiert und in den meisten Fällen handelt es sich um Transitgüter. Schätzungen zufolge hat der Grenzübergang eine Kapazität von 306.000TEU jährlich, 2007 waren es allerdings nur 109.700TEU. Bis 2015 wird ein Anstieg auf 730.000 TEU erwartet. *(vgl. Vinokurov, Jadraliyev, Shcherbanin 2009, S.14f. und S.21; Emerson, Vinokurov 2009, S.5)*

Weißrussland hat ein Schienennetz von 5.500km. Auch hier wurde ein Programm zur Entwicklung der Eisenbahn verabschiedet, das bis 2010 laufen soll. Im weißrussischen Schienengüterverkehr spielen Rohstofftransporte die größte Rolle. Containertransporte machen im Vergleich dazu nur einen kleinen Anteil aus, sind aber signifikant gestiegen.

In Ost-West-Richtung existieren verschiedene Hochgeschwindigkeitsrouten. Der Mongolian Vector verläuft über Russland und die Mongolei nach China und hatte 2007 ein Transportaufkommen von 657TEU. Auf dem Kazakhstani Vector, der über Russland nach Kasachstan verläuft, wurden 2007 9.320TEU trans-

---

zu verringern. Sie enthält den Ausbau der Infrastruktur und des Bildungssektors sowie die Ansiedlung von Industrie, außerdem werden ausländische Investoren für die Region gesucht. *(vgl. Schaible et al. 2009, S.11f.)*

99 Hinweis aus einem der Angebote

portiert, er soll in Zukunft bis Dostyk ausgebaut werden. *(vgl. Vinokurov, Jadraliyev, Shcherbanin 2009, S.25; OSShD 2009, S.5)*

Generell konstatieren Vinokurov, Jadraliyev und Shcherbanin, dass die EurAsEC-Staaten – darunter Weißrussland, Kasachstan und Russland – nur 50% ihres Transportpotentials nutzen. *(vgl. Vinokurov, Jadraliyev, Shcherbanin 2009, S.5)*

Zusammenfassend muss auf der Eurasischen Landbrücke also mit Preiserhöhungen bei den Frachtraten gerechnet werden, obwohl die Strecken nicht ausgelastet sind. Die Preise werden von den Bahngesellschaften fest gesetzt und unterliegen nicht in dem Maße dem Wettbewerb, wie das in der Containerschifffahrt der Fall ist. Daher sind Prognosen nur bedingt möglich. Auf Grund der vielen Bauprojekte, die in den letzten Jahren gestartet wurden und deren Finanzierung teilweise fraglich erscheint, kann jedoch davon ausgegangen werden, dass die Frachtraten eher weiter steigen als sinken. Alle Bahngesellschaften rechnen damit, dass durch einen wachsenden Außenhandel zwischen den zentralasiatischen Ländern und China (v.a. von Rohstoffen) die Nachfrage nach Transportleistungen steigen wird und investieren daher in den Ausbau und die Modernisierung ihrer Schienennetze. Auch die Landbrückentransporte werden in Zukunft eine größere Rolle spielen.

4.4 Der Zusammenhang zwischen See- und Schienengüterverkehr

98% des Transportaufkommens zwischen Europa und Ostasien wird über den Suezkanal verschifft, während nur 1% auf den Schienengüterverkehr der Eurasischen Landbrücke entfällt. *(vgl. Vinokurov, Jadraliyev, Shcherbanin 2009, S.5 und S.15)* Gründe finden sich unter anderem in den unterschiedlichen Kapazitäten der Verkehrsträger. Während ein Containerschiff bis zu 13.000TEU transportieren kann, sind es bei einem Containerzug etwa 100TEU[100]. Auf Grund der viel geringeren Kapazitäten besteht durch die Eurasische Landbrücke keine ernsthafte Bedrohung für die Containerschifffahrt. Auf der anderen Seite stellt die Containerschifffahrt sehr wohl die direkte Konkurrenz für die Eurasische Landbrücke dar. Dazu kommt, dass auf der Landbrücke mehrere Korridore untereinander konkurrieren (sowohl um Transportaufkommen, als auch um finanzielle Mittel bzw. Investoren und politisches Aufmerksamkeit, da sich die meisten der Korridore noch im Auf- bzw. Ausbau befinden).

---

100 Die Trans Eurasia Logistics GmbH rechnet mit 85 bis 100TEU um einen Zug auszulasten.

Die bestimmende Größe stellen dabei die Frachtraten dar. Während die Frachtraten der Containerschifffahrt sehr flexibel sind und auf Änderungen in der Nachfrage durch höhere oder niedrigere Preise reagieren können, sind kurzfristige Änderungen der Frachtraten im Schienengüterverkehr nicht möglich. Somit hängen die Landbrückenverkehre von den Frachtraten des Seegüterverkehrs ab. Ist die Nachfrage nach chinesisch-europäischen Transporten groß und die Fracht demnach hoch, kann der Schienengüterverkehr über den Preis mit der Schifffahrt konkurrieren. Ist die Nachfrage dagegen gering und die Schifffahrt senkt ihre Frachtraten, ist die Landbrücke nicht mehr konkurrenzfähig. *(vgl. Dierig, Doll 2008; Krieger 2009; Böhmer, Jakunin 2010)*

Ein gewisser Spielraum zugunsten des Schienengüterverkehrs entsteht zum einen durch die geographische Lage des Versendeortes, insbesondere bei Orten in Westchina. Dagegen ist für Versendeorte in Süd- oder Ostchina der Seegüterverkehr attraktiver. Ein weiterer Wettbewerbsvorteil ergibt sich zum anderen aus den geringeren Transportzeiten. Trans Eurasia Express wirbt beispielsweise gezielt damit, dass sich der Bahntransport auf der Eurasischen Landbrücke zwischen der Schifffahrt und dem Luftfrachtverkehr einpendelt. Dass heißt, er lohnt sich dann, wenn Transporte mit dem Schiff zu lange dauern, aber das Flugzeug zu teuer ist. *(vgl. Emerson, Vinokurov 2009, S.5; Trans Eurasia Logistics 2010b, S.5 und S.7)*

Emerson und Vinokurov kommen zu dem Schluss, dass sich der Schienengüterverkehr auf der Eurasischen Landbrücke lediglich in Nischenmärkten durchsetzen wird. Die Bedeutung des Seetransportes zwischen Europa und Asien werde er niemals erreichen. Nach ihren Einschätzungen könnte das Transportvolumen auf 5-10% des chinesisch-europäischen Handelsvolumens steigen. Außerdem werde die Landbrücke einen Beitrag zum Handel innerhalb Eurasiens leisten. *(vgl. Emerson, Vinokurov 2009, S.11)*

4.5 Schlussfolgerungen

In der Untersuchung konnte gezeigt werden, dass zu der erprobten Containerschifffahrt zwischen China und Europa eine Transportalternative in Form des Schienengüterverkehrs auf der Eurasischen Landbrücke gekommen ist.

Die Abläufe in der Schifffahrt sind etabliert und verlässlich, die Transportprodukte standardisiert, die Risiken berechenbar. Durch eine hohe Anzahl an Marktteilnehmern entsteht ein intensiver Wettbewerb, der sicher stellt, dass sich die Preise nach Angebot und Nachfrage richten und sich flexibel der Marktsituation anpassen. Wettbewerbsverzerrende Faktoren wie Schifffahrtskonferenzen verlieren derweil an Einfluss.

Die Untersuchung des Schienengüterverkehrs ergab, dass Transporte realisierbar und preislich konkurrenzfähig sind. Die Preise zweier Angebote für Landbrückentransporte lagen unter denen für Seegütertransporte. Da es bei beiden Verkehrsträgern Hinweise auf Preissteigerungen gibt, ist auch in Zukunft nicht mit einer Verschiebung zu Gunsten der Bahn oder des Schiffes zu rechnen.

Beim Schienengüterverkehr dominieren große (vormals oder noch immer staatliche) Eisenbahngesellschaften mit Monopolstellung.[101] Die Frachtsätze bilden sie nach anderen Kriterien als die Linienreedereien. Viele, teilweise politische, Einflüsse kommen zum Tragen, so dass Unwägbarkeiten nicht auszuschließen sind.

Positiv wirken sich die verschiedenen Initiativen aus, die seit einigen Jahren durch Koordination und Investitionen versuchen, die Bedingungen auf der Eurasischen Landbrücke zu vereinheitlichen und einen gemeinsamen Tarif für die gesamte Strecke zu bilden. Es konnte zwar noch kein tatsächlich angewandter Verbandsgütertarif nachgewiesen werden, aber in Zukunft ist mit Erleichterungen zu rechnen.

In den theoretischen Untersuchungen zum Schienengüterverkehr wurden mehrere Risikoquellen identifiziert: die sehr komplexen Abläufe und die langfristige Planung, die bei jeder der beteiligten Eisenbahnen unabhängig stattfindet, das Überqueren mehrerer Staatsgrenzen und die damit verbundene Zollformalitäten sowie teilweise technische Hürden in Form von Umspurungsvorgängen, hinzu kommen subjektive Faktoren. Die Auswirkungen betreffen v.a. die Pünktlichkeit, eventuell auch die Kosten. Das Gesamtrisiko ist nur nach einem Versuch überschaubar, da momentan v.a. die praktischen Erfahrungen fehlen. Von den Eisenbahngesellschaften werden in erster Linie Großaufträge für Ganzzüge als Referenzen angeben, z.B. der Auftrag von Fujitsu-Siemens für einen Zug vom südchinesischen Xiangtang nach Hamburg. *(vgl. Trans Eurasia Logistics 2010b, S.11)* Für die Versendung einzelner Container liegen noch keine Referenzen vor.

101 Sofern private Eisenbahngesellschaften existieren, beschränken sich deren Aktivitäten auf regionale Verkehre.

Quellenverzeichnis

Aberle, Gerd (2004): Transportwirtschaft. Oldenburg Wissenschaftsverlag, München 2003, 4. Auflage.

Akers Group (2008): The Åkers Group Annual Report 2007. Akers Group, Styckebruk 2008. Elektronisch bereit gestellt durch: http://www.akers rolls.com/upload/Annual%20Report/Annual%20report%202007_final%2 0web%20version.pdf (Zugriff: 01.04.2010).

Akers Group (2009): The Åkers Group Annual Report 2008. Akers Group, Styckebruk 2009. Elektronisch bereit gestellt durch: http://www.akers rolls.com/upload/Annual%20Report/Annual%20Report%202008.pdf (Zugriff: 01.04.2010).

Akers Group (2010): The Åkers Group Annual Report 2009. Akers Group, Styckebruk 2010. Elektronisch bereit gestellt durch: http://www.akers rolls.com/upload/Annual%20Report/åkers_årsredovising2009_lattlast.pdf (Zugriff: 04.05.2010).

Amann, Paul (2007): Eurasische Landbrücke: Perspektiven und Herausforderungen des Schienengüterverkehrs zwischen Europa und Nordostasien. Grin Verlag, Hamburg 2007.

Auswärtiges Amt (2010): Länder, Reisen und Sicherheit (Länderinformationen zu Aserbaidschan und Georgien). Auswärtiges Amt, 2010. Elektronisch bereit gestellt durch: http://www.auswaertiges-amt.de/ diplo/de/Laender informationen/Aserbaidschan/Aussenpolitik.html ; http:// www.auswaertiges-amt.de/diplo/de/Laenderinformationen/Armenien /ArmenienLinks/080306-KarabachKonflikt,navCtx=289580. html ; http://www.auswaertiges-amt.de/diplo/de/Laenderinformationen/Georgien /GeorgienSicherheit.html ; http://www.auswaertiges-amt.de/diplo/de/ Laenderinformationen/Georgien/Aussenpolitik.html ; http:// www.auswaertiges-amt.de/diplo/de/Laenderinformationen/Georgien /Innenpolitik.html (Zugriff: 17.09.2010).

Baike.Baidu (2010): Lanxin Tielu (Die Lanxin-Eisenbahn). Baike.Baidu, 10.06.2010. Elektronisch bereit gestellt durch: http://baike.baidu.com /view/86886.htm (Zugriff: 06.07.2010).

Ballin, André (2009): Bahn frei für neues Breitspur-Gleis bis Wien. Russland-Aktuell, Sotschi28.05.2009. elektronisch bereit gestellt durch: http://www.aktuell.ru/russland/wirtschaft/bahn_frei_fuer_neues_breitspur_gleis_bis_wien_1938.html (Zugriff: 01.07.2010).

Bensel, Norbert (2008): Multimodale Transport- und Logistikketten unter besonderer Berücksichtigung der Schiene. In: Baumgarten, Lothar (Hrsg.): Das Beste der Logistik: Innovationen, Strategien, Umsetzungen. Springer-Verlag, Berlin, Heidelberg 2008, S.219-228.

Berndt, Thomas (2003): Eisenbahngüterverkehr. Teubner Verlag, Stuttgart, Leipzig, Wiesbaden 2003, 6. Auflage.

Biebig, Peter; Althof, Wolfgang; Wagener, Norbert (2008): Seeverkehrswirtschaft. Oldenburg Wissenschaftsverlag, München 2008, 4. Auflage.

Biebig, Peter; Laue, Uwe (2000): Schiffahrtstechnik und Schiffahrtstechnologie. In: Schubert, Werner (Hrsg.): Verkehrslogistik: Technik und Wirtschaft. Verlag Vahlen, München 2000, S.507-532.

Böhmer, Reinhold; Jakunin, Wladimir (2010): „Eurasische Bahn-Landbrücke ist unser langfristiges Ziel". Wirtschaftswoche, 02.07.2010. Elektronisch bereit gestellt durch: http://www.wiwo.de/unternehmen-maerkte/eurasische-bahn-landbruecke-ist-unser-langfristiges-ziel-433950/ (Zugriff: 02.07.2010).

Brillen, Anke; Hussla, Gertrud (2009): Wenn Piraten immer dreister werden. Wirtschaftswoche, 08.08.2009. Elektronisch bereit gestellt durch: http://www.wiwo.de/finanzen/wenn-piraten-immer-dreister-werden-405297/ (Zugriff: 13.09.2010).

Brückner, Florian (2008): Maersk trifft auf den perfekten Sturm. Wirtschaftswoche, Kopenhagen 12.11.2008. Elektronisch bereit gestellt durch: http://www.wiwo.de/unternehmen-maerkte/maersk-wird-vom-perfekten-sturm-getroffen-377809/ (Zugriff: 20.06.2010).

Burgmann, Michael (2002): Neuordnung des internationalen Eisenbahnrechts im Rahmen der OTIF. In: Verband Deutscher Verkehrsunternehmen (VDV), VDV-Förderkreis e.V. (Hrsg.): Die Güterbahnen: Zukunftsfähige Mobilität für Wirtschaft und Gesellschaft. Alba Fachverlag, Düsseldorf, Köln 2002, S.78-93.

Büter, Clemens (2007): Außenhandel: Grundlagen globaler und innergemeinschaftlicher Handelsbeziehungen. Physica-Verlag, Heidelberg 2007.

Capell, Burkhard (2009): Verkehr und Logistik in Osteuropa. Bundesverband Großhandel, Außenhandel, Dienstleistungen e.V., 02.09.2009. Elektronisch bereit gestellt durch: http://bga-online.de/fileadmin/Downloads /Verkehr_Logistik/PapierVerkehrLogistikOsteuropa.pdf (Zugriff: 01.07.2010).

CAREC Institue (2009): Creating Connectivity. CAREC Institute, 2009. Elektronisch bereit gestellt durch: http://www.carecinstitute.org/index. php?page=transport (Zugriff: 13.07.2010).

CCTT (2006): About the CCTT. CCTT, 2006. Elektronisch bereit gestellt durch: http://www.cctst.msk.ru/en/index.html (Zugriff: 04.10.2010).

China Daily (2004): New Railway linking China Europe to be built. China Daily, 18.03.2004. Elektronisch bereit gestellt durch: http://www.chinadaily. com.cn/english/doc/2004-03/18/content_315973.htm (Zugriff: 08.06.2010).

China Sunny & Forecasting Information Consultant Ltd. (2006): Zhongguo Zhagun Xingye Chukou Taishi Zhanwang (Situation und Aussichten im Export der chinesischen Walzenbranche). China Sunny & Forecasting Information Consultant Ltd., Beijing 26.12.2006. Elektronisch bereit gestellt durch: http://www.topo100.com/tjdy/YJ2/2006-12-26/16343.html (Zugriff: 08.04.2010).

DB Schenker (2008a): Peking-Hamburg-Container-Express bewältigt 10.000 Kilometer in nur 15 Tagen. Deutsche Bahn AG, Hamburg 24.01.2008. Elektronisch bereit gestellt durch: http://www.schenker.de/deutsch/news /newsOrdner/2008_01/piContainerExpress.html (Zugriff: 08.06.2010).

DB Schenker (2008b): Paneuropäischer Transportkorridor II. Deutsche Bahn AG, 28.04.2008. Elektronisch bereit gestellt durch: http:// www.deutschebahn.com/site/logistics/rail/raildeutschland/de/service/kund eninfos/joint__venture.html (Zugriff: 05.10.2010).

DB Schenker (2008c): Peking-Hamburg-Container-Express bewältigt 10.000 Kilometer in nur 15 Tagen. Deutsche Bahn AG, Hamburg 24.07.2008. Elektronisch bereit gestellt durch: http://www.db-intermodal.com/site /logistics/intermodal/de/service/neuigkeiten/peking__hamburg__container __express.html (Zugriff: 08.06.2010).

DB Schenker (2009): Die angestrebte Schienenverbindung von Deutschland nach China rückt näher. Deutsche Bahn AG, 20.02.2009. Elektronisch bereit gestellt durch: http://www.rail.dbschenker.de/site/logistics/rail/rail deutschland/de/service/kundeninfos/buendnis__db__und__russiche__ bahn.html (Zugriff: 08.06.2010).

DB Schenker (2010): Deutsche Bahn DB Mobility Logistics: Daten und Fakten 2009. Deutsche Bahn AG, 2010. Elektronisch bereit gestellt durch: http://www.rail.dbschenker.de/site/shared/de/dateianhaenge/berichte/daten __und__fakten__2009.pdf (Zugriff: 08.06.2010).

Dierig, Carsten; Doll, Nikolaus (2008): Wie Nürnberg im Rennen um den China-Zug siegte. Welt Online, 29.12.2008. Elektronisch bereit gestellt durch: http://www.welt.de/wirtschaft/article2945131/Wie-Nuernberg-im-Rennen-um-den-China-Zug-siegte.html (Zugriff: 08.06.2010).

Eckert-Kömen, Johanna; Mohaupt, Markus; Nemarnik, Nenad (2009): Metallindustrie 2020. IKB Deutsche Industriebank, Düsseldorf Juni 2009. Elektronisch bereit gestellt durch: http://www.oberflaeche-nrw.de/uploads /media /Marktstudie_IKB.pdf (Zugriff: 10.03.2010).

Emerson, Michael; Vinokurov, Evgeny (2009): Optimisation of Central Asian and Eurasian Trans-Continental Land Transport Corridors. EUCAM (EU-Central Asia Monitoring), Dezember 2009. Elektronisch bereit gestellt durch: http://www.ceps.eu/ceps/download/2816 (Zugriff: 09.07.2010).

EU (2004): Amtsblatt der Europäische Union: VERORDNUNG (EG) Nr. 725/2004 DES EUROPÄISCHEN PARLAMENTS UND DES RATES vom 31. März 2004 zur Erhöhung der Gefahrenabwehr auf Schiffen und in Hafenanlagen. EU, 29.04.2004. Elektronisch bereit gestellt durch: http://eur-lex.europa.eu/LexUriServ/LexUriServ.do?uri=OJ:L:2004:129: 0006:0091:DE:PDF (Zugriff: 22.06.2010).

Eurostat (2010): Datenbankabrufe auf: http://epp.eurostat.ec.europa.eu/portal /page/portal/eurostat/home/ ; April 2010.

Frindik, Roland (2008): Kombinierter Verkehr. In: Arnold, Dieter; Isermann, Heinz; Kuhn, Axel; Tempelmeier, Horst; Furmans, Kai (Hrsg.): Handbuch Logistik. Springer-Verlag, Berlin, Heidelberg 2008, 3. Auflage, S.736-743.

Frisch, Stefan (2004): SAT: Der Internationale Eisenbahn-Gütertarif Österreich-UdSSR-Nachfolgestaaten. ÖBB, UIC, 2004. Elektronisch bereit gestellt durch: http://www.uic.oeg/download.php.eo/frisch.doc (Zugriff: 04.06.2010).

Frye, Heinrich (2008): Luftfrachtverkehr. In: Arnold, Dieter; Isermann, Heinz; Kuhn, Axel; Tempelmeier, Horst; Furmans, Kai (Hrsg.): Handbuch Logistik. Springer-Verlag, Berlin, Heidelberg 2008, 3. Auflage, S.757-778.

Gehle-Dechant, Silke; Steinfelder, Joseph; Wirsing, Manuel (2010): Export, Import, Globalisierung: Deutscher Außenhandel und Welthandel, 1990 bis 2008. Statistisches Bindesamt, Wiesbaden Februar 2010. Elektronisch bereit gestellt durch: http://www.destatis.de/jetspeed/portal/cms/Sites /destatis/Internet/DE/Navigation/Publikationen/Fachveroeffentlichungen/ Aussenhandel,templateId=rend (Zugriff: 05.08.2010).

Grazow, Axel; Krummheuer, Eberhard (2008): Seefracht verliert an Fahrt. Wirtschaftswoche, Düsseldorf 11.08.2008. Elektronisch bereit gestellt durch: http://www.wiwo.de/unternehmen-maerkte/seefracht-verliert-an-fahrt-303663/ (Zugriff: 11.08.2010).

Grazow, Axel; Krummheuer, Eberhard; Borchard, Daniel (2008): Reeder geraten in schwere See. Wirtschaftswoche, Düsseldorf 04.12.2008. Elektronisch bereit gestellt durch: http://www.wiwo.de/unternehmen-maerkte /reeder-geraten-in-schwere-see-380129/ (Zugriff: 20.06.2010).

Handels- und Industriekammer der Russischen Föderation (2007): Russland plant 20.000 Kilometer neue Schienenwege. Handels- und Industriekammer der Russischen Föderation, 11.09.2007. Elektronisch bereit gestellt durch: http://www.hik-russland.de/nachrichten/investition/russland-plant-20.000-kilometer-neue-schienenwege-200709113052.html (Zugriff: 01.07.2010).

Heaney, Simon (2006): Advance on the new Silk Road. American Shipper, April 2006. Elektronisch bereit gestellt durch: http://www.americanshipper. com/paid/apr06/advance.asp?storyid=118960 (Zugriff: 08.06.2010).

Heidmeier, Sven; Siegmann, Jürgen (2008): Eisenbahngüterverkehr. In: Arnold, Dieter; Isermann, Heinz; Kuhn, Axel; Tempelmeier, Horst; Furmans, Kai (Hrsg.): Handbuch Logistik. Springer-Verlag, Berlin, Heidelberg 2008, 3. Auflage, S.743-757.

Heyden, Ulrich (2008): Eurasischer Transportkorridor von Fernost bis nach Europa. Eurasisches Magazin, 31.08.2008. Elektronische bereit gestellt durch: http://www.eurasischesmagazin.de/artikel/?artikelID=20080820 (Zugriff: 07.07.2010).

HOCO Logistics (2010): HOCO Glossar. HOCO Logistics, 2010. Elektronisch bereit gestellt durch: http://www.hocobsl.ch/wcms/hoco.cfm/h,9/s,0/c,0 /sc,de/blue.htm (Zugriff: 10.08.2010).

Hoffbauer, Andreas (2009): Chinas Nordwesten von Aufständen erschüttert. Wirtschaftswoche, Beijing 06.07.2009. Elektronisch bereit gestellt durch: http://www.wiwo.de/politik-weltwirtschaft/140-tote-bei-unruhen-in-china-402143/ (Zugriff: 20.09.2010).

Hopt, Klaus J.; Merkt, Hanno (2010): Beck'sche Kurz-Kommentare Band 9: Handelsgesetzbuch (mit GmbH & Co., Handelsklauseln, Banken- und Börsenrecht, Transportrecht (ohne Seerecht)). Begründet von Baumbach, Adolf, Verlag C. H. Beck, München 2010, 34. Auflage.

ICC International Maritime Bureau (2010a): Piracy and Armed Robbery against Ships: Report for the Period 1 January – 31 December 2009. ICC International Maritime Bureau, London Januar 2010.

ICC International Maritime Bureau (2010b): Piracy and Armed Robbery against Ships: Report for the Period 1 January – 30 June 2010. ICC International Maritime Bureau, London Juli 2010.

Ihme, Joachim (2008): Transporte und außerbetrieblicher Materialfluss. In: Koether, Reinhard (Hrsg.): Taschenbuch der Logistik. Fachbuchverlag Leipzig im Carl Hanser Verlag, München 2008, 3. Auflage, S.311-326.

Jung-Poppe, Arend (2004): Containertransport aus Sicht des Reeders. TIS-GDV, Hapag Lloyd Container Line, Juni 2004. Elektronisch bereit gestellt durch: http://www.tis-gdv.de/tis/tagungen/svt/svt03/06jungpoppe/inhalt.htm (Zugriff: 20.04.2010).

Krieger, Mark (2009): Trans Eurasia Express: „Nur aufgeschoben, nicht aufgehoben“ Niedrige Schiffsraten machen Bahntransport unrentabel. Dow Jones News, Eschborn 05.02.2009. Elektronisch bereit gestellt durch: http://www.localglobal.de/sixcms/detail.php?id=787158&template_id=3693 (Zugriff: 08.06.2010).

Krummheuer, Eberhard (2005): Container-Schifffahrt stellt sich neu auf. Wirtschaftswoche, Düsseldorf 11.10.2005. Elektronisch bereit gestellt durch: http://www.wiwo.de/unternehmen-maerkte/container-schifffahrt-stellt-sich-neu-auf-115724/ (Zugriff: 20.06.2010).

Krummheuer, Eberhard; Palm, Regine; Schneider, Mark C. (2009): Notruf in stürmischer See. Wirtschaftswoche, Düsseldorf, Hamburg 08.07.2009. Elektronisch bereit gestellt durch: http://www.wiwo.de/unternehmen-maerkte/notruf-in-stuermischer-see-402370/ (Zugriff: 20.06.2010).

Krummheuer, Eberhard; Schneider, Mark C. (2010): Container aus China lassen Reeder hoffen. Wirtschaftswoche, Düsseldorf, Hamburg 03.06.2010. Elektronisch bereit gestellt durch: http://www.wiwo.de/unternehmen-maerkte/container-aus-china-lassen-reeder-hoffen-432239/ (Zugriff: 19.06.2010).

Kummer, Sebastian; Schramm, Hans-Joachim; Sudy, Irene (2009): Internationales Transport- und Logistikmanagement. Facultas.wuv Universitätsverlag, Wien 2009.

Leiste, Ernst (2008): Ausfuhr bleibt „Zugpferd“ der deutschen Wirtschaft. German Trade & Invest, Köln 25.04.2008. Datenbankabruf auf http://www.gtai.de (30.04.2010) .

Li Yan (2007): Longhai Tielu Jianjie (Kurzvorstellung der Longhai-Eisenbahn). Tielu, 19.11.2007. Elektronisch bereit gestellt durch: http://www.tieliu.com.cn/tlbk2/2007/200711/2007-11-19/20071119095151_93164.html (Zugriff: 06.07.2010).

Liu Chuanjie (2009): Qiantan Yejin Zhagun Jinchukou (Kurzabhandlung über Im- und Export metallurgischer Walzen). Beijing Le'ersi Kemao Youxian Gongsi, Beijing 10.11.2009. Elektronisch bereit gestellt durch: http://china-roll.com/viewthread.php?tid=8867 (Zugriff: 08.04.2010).

MacWilliam, Ian (2004): China to Europe rail-link planned. BBC, Almaty 29.04.2004. Elektronisch bereit gestellt durch: http://news.bbc.co.uk/2/hi/asia-pacific/3671105.stm (Zugriff: 08.06.2010).

Meder, Horst (2007): Handbuch für Transport und Logistik. Storck Verlag, Hamburg 2007, 47. Auflage.

Mertens, Bernd (2006): Moderater Rückgang. Wirtschaftswoche, 01.06.2006. Elektronisch bereit gestellt durch: http://www.wiwo.de/unternehmen-maerkte/moderater-rueckgang-143693/ (Zugriff: 20.06.2010).

Müller, L.; Holland, John (2000): Innovative Containerschiffe: Eine Herausforderung an die Klassifikation. TIS-GDV, Mai 2000. Elektronisch bereit gestellt durch: http://www.tis-gdv.de/tis/tagungen/workshop/cs/holland /holland.htm (Zugriff: 20.04.2010).

Neue Zürcher Zeitung (2009): Der Ferne Osten bleibt für die Güterbahn in weiter Ferne. NZZ Online, 28.06.2009. Elektronisch bereit gestellt durch: http://www.nzz.ch/magazin/mobil/der_ferne_osten_bleibt_fuer_die_guete rbahn_in_weiter_ferne_1.3738856.html (Zugriff: 28.06.2010).

Nuttall, Clare (2008): ANALYSIS: Kazakh rail on track for private money. Silk Road Intelligencer, Almaty 11.07.2008. Elektronisch bereit gestellt durch: http://silkroadintelligencer.com/2008/07/11/kazakh-rail-on-track-for-private-money/ (Zugriff: 09.07.2010).

Nuttall, Clare (2009): ANALYSIS: Kazakhstan's railways to get $36-billion overhaul. Silk Road Intelligencer, 04.10.2009. Elektronisch bereit gestellt durch: http://silkroadintelligencer.com/2009/10/04/kazakhstans-railways-to-get-36-billion-overhaul/ (Zugriff: 07.10.2010).

OSShD (2009): Tätigkeit der OSShD für 2008. Komitee der Organisation für die Zusammenarbeit der Eisenbahn, Warschau 2009. Elektronisch bereit gestellt durch: http://www.osjd.org/isvp/download?vp=51&load=y&col_id=121&id=184 (Zugriff: 02.06.2010).

Pachl, Jörn (2007): Betriebsführung der Eisenbahninfrastruktur. In: Fendrich, Lothar (Hrsg.): Handbuch Eisenbahninfrastruktur. Springer-Verlag, Berlin, Heidelberg, New York 2007, S.559-598.

Pachl, Jörn (2008): Systemtechnik des Schienenverkehrs: Bahnbetrieb planen, steuern und sichern. Vieweg + Teubner, Wiesbaden 2008, 5. Auflage.

People‘s Daily (2000): Bright Prospect of New Eurasian Continental Bridge. People‘s Daily, 23.08.2000. Elektronisch bereit gestellt durch: http:// english.peopledaily.com.cn/english/200008/23/eng20000823_48819.html (Zugriff: 08.06.2010).

People's Daily (2009): Xinjiang's first electrified railway rails laid. People's Daily, 17.09.2009. Elektronisch bereit gestellt durch: http:// english.people.com.cn/90001/90776/90882/6760790.html (Zugriff: 07.10.2010).

Petzoldt, Johannes D. (2007): Container-Einsatz, Beladung und Sicherung. In: Meder, Horst (Hrsg.): Handbuch für Transport und Logistik. Storck Verlag, Hamburg 2007, 47. Auflage, S.237-240.

Piontek, Jochem (1994): Internationale Logistik. Verlag W. Kohlhammer, Stuttgart, Berlin, Köln 1994.

Rothengatter, Werner (2002): Die gesamtwirtschaftliche Bedeutung des Eisenbahngüterverkehrs. In: Verband Deutscher Verkehrsunternehmen (VDV), VDV-Förderkreis e.V. (Hrsg.): Die Güterbahnen: Zukunftsfähige Mobilität für Wirtschaft und Gesellschaft. Alba Fachverlag, Düsseldorf, Köln 2002, S.28-45.

Salce, Giovanni (2009): Der Landweg nach Europa. Bangkok 2009. In: panorama: Das Magazin der M+R Spedag Gruppe. M+R Spedag Group AG, Muttenz Juli 2009, S.12. Elektronisch bereit gestellt durch: http://www.mrspedag.com/freeDoc.cfm/m,66/id,40/lang,de/mr.htm (Zugriff: 02.03.2010).

SAT (2005): Internationaler Eisenbahn-Gütertarif Österreich-UdSSR-Nachfolgestaaten. CD Cargo 2005. Elektronisch bereit gestellt durch: http://www.cdcargo.cz/files/tarify/mezinarodni/Sat_de03.pdf (Zugriff: 07.06.2010).

Schaaf, Bernd (2009): Chinesischer Markt für Walzwerkstechnik weiter robust. German Trade & Invest, Shanghai 28.04.2009. Datenbankabruf auf http://www.gtai.de (30.04.2010) .

Schaible, Stefan; Zelt, Thilo; Wilson, Jennifer; Wiedemann, Andrea (2009): Die Go-West-Strategie der chinesischen Regierung: Chancen für die deutsche Wirtschaft? Bundesministerium für Wirtschaft und Technologie, Roland Berger Strategy Consultants, Hamburg Oktober 2009. Elektronisch bereit gestellt durch: http://www.bmwi.de/BMWi/Redaktion/PDF/Publikationen/Studien/go-west-strategie-der-chinesischen-regierung,property=pdf,bereich=bmwi,sprache=de,rwb=true.pdf (Zugriff: 08.10.2010).

Schieck, Arno (2008): Internationale Logistik: Objekte, Prozesse und Infrastrukturen grenzüberschreitender Güterströme. Oldenburg Wissenschaftsverlag, München 2008.

Schiedmair, Stephanie (2009): Die Freiheit der Meere: Die gemeinsame Nutzung der Ozeane ist geregelt, aber der gemeinsame Schutz kommt zu kurz. Le Monde diplomatique, Berlin 13.11.2009. Elektronisch bereit gestellt durch: http://www.monde-diplomatique.de/pm/2009/11/13.monde Text.artikel,a0054.idx,20 (Zugriff: 12.06.2010).

Schönknecht, Axel (2009): Maritime Containerlogistik: Leistungsvergleich von Containerschiffen in intermodalen Transportketten. Springer-Verlag, Berlin, Heidelberg 2009.

Schubert, Werner (2000a): Die Wechselwirkung zwischen Verkehrstechnik und Verkehrswissenschaft. In: Schubert, Werner (Hrsg.): Verkehrslogistik: Technik und Wirtschaft. Verlag Vahlen, München 2000, S47-88.

Schubert, Werner (2000b): Ziele und Elemente des volkswirtschaftlichen Verkehrssystems. In: Schubert, Werner (Hrsg.): Verkehrslogistik: Technik und Wirtschaft. Verlag Vahlen, München 2000, S.89-125.

Schubert, Werner (2000c): Die Verkehrszweige im logistischen Dienstleistungsprozess am Markt. In: Schubert, Werner (Hrsg.): Verkehrslogistik: Technik und Wirtschaft. Verlag Vahlen, München 2000, S.127-182.

Schwenzfeier, Werner (1979): Walzentechnik: Ein Leitfaden für Studium und Praxis. Springer-Verlag, Wien, New York 1979.

Seidelmann, Christoph (2002): Der Kombinierte Verkehr: Zukunftsmarkt der Eisenbahn. In: Verband Deutscher Verkehrsunternehmen (VDV), VDV-Förderkreis e.V. (Hrsg.): Die Güterbahnen: Zukunftsfähige Mobilität für Wirtschaft und Gesellschaft. Alba Fachverlag, Düsseldorf, Köln 2002, S.180-193.

Sekareva, Katharina (2009): Drehkreuz Singapur im Leerlauf. Wirtschaftswoche, 15.05.2009. Elektronisch bereit gestellt durch: http://www.wiwo.de /unternehmen-maerkte/drehkreuz-singapur-im-leerlauf-396483/ (Zugriff: 20.06.2010).

Sigatchyov, Sergey Gennadyevich (2001): How Transsib was built. Trans-Siberian Web-Encyclopedia, 2001. Elektronisch bereit gestellt durch: http://www.transsib.ru/Eng/history-review.htm (Zugriff: 30.06.2010).

Sommerer, Gerhard (2004): Logistik-Kürzel: Abkürzungen, Bezeichnungen, Definitionen/Inhalte zur Unternehmenslogistik und angrenzender Gebiete. Verlag Wissenschaft und Praxis, Sternenfels 2004.

Spiegel (2006): Grabungen verzögern Bosporus-Tunnel. Spiegel Online, 08.€05.2006. Elektronisch bereit gestellt durch: http://www.spiegel.de/spiegel/print/d-46847798.html (Zugriff: 07.07.2010).

Spiegel (2008): Peking-Express erreicht Hamburg. Spiegel Online, 24.01.2008. Elektronische bereit gestellt durch: http://www.spiegel.de/wirtschaft/0,1518,530767,00.html (Zugriff: 08.06.2010).

Staatliches Büro zur Koordination der Neuen Eurasischen Landbrücke (2007): Xin Ya'ou Daluqiao Jianjie (Kurzvorstellung der Neuen Eurasischen Landbrücke). Staatliches Büro zur Koordination der Neuen Eurasischen Landbrücke (Guowuyuan Xin Ya'ou Daluqiao Guoji Xictiao Jizhi Bangongshi), Beijing, Lianyungang 29.10.2007. Elektronisch bereit gestellt durch: http://www.landbridge.gov.cn/ruanjianzixiu/ShowArticle.asp?ArticleID=632 (Zugriff: 29.06.2010).

Strauch, Winfried (2010): Containerhandbuch: Sicherung der Ware im Container. TIS-GDV 2010. Elektronisch bereit gestellt durch: http://www.containerhandbuch.de/chb/stra/index.html (Zugriff: 17.05.2010).

Streck Transport (2010): Glossar Spedition. Streck Transport, 2010. Elektronisch bereit gestellt durch: http://www.streck-transport.com/content/download/1390/9919/version/1/file/Glossar%20Spedition.pdf (Zugriff: 10.08.2010).

Suez Canal Authority (2010): Suez Canal Traffic Statistics. Suez Canal Authority, 2010. Elektronisch bereit gestellt durch: http://www.suezcanal.gov.eg/TRstat.aspx?reportId=4 ; http://www.suezcanal.gov.eg/TRstat.aspx?reportId=5 ; http://www.suezcanal.gov.eg/TRstat.aspx?reportId=6 ; http://www.suezcanal.gov.eg/TRstat.aspx?reportId=8 (Zugriff: 21.09.2010).

Tagesschau (2010): Kirgistan: Politisch unruhiges Bergland in Zentralasien. Tagesschau, 15.06.2010. Elektronisch bereit gestellt durch: http://www.tagesschau.de/ausland/kirgistaninfo100.html (Zugriff: 17.09.2010).

TRACECA (2006): First Hand Information TRACECA Online. TRACECA, 2006. Elektronisch bereit gestellt durch: http://www.traceca-org.org/default.php?l=en (Zugriff: 08.07.2010).

Trans Eurasia Logistics (2010a): Trans Eurasia Express: ein neues Produkt zwischen Asien und Europa. Trans Eurasia Logistics GmbH, Berlin Juli 2010. Elektronisch bereit gestellt durch: http://transeurasiaexpress.de/Products/TEE_de.pdf (Zugriff: 04.10.2010).

Trans Eurasia Logistics (2010b): Der Trans Eurasia Express: Die neue Transportlösung zwischen Asien und Europa. Trans Eurasia Logistics GmbH, Berlin 2010. Elektronisch bereit gestellt durch: http://transeurasiaexpress.de/TEE_Image_de.pdf (Zugriff: 04.10.2010).

UNESCAP (2010): About Trans-Asian Railway. United Nations Economic and Social Commission for Asia and the Pacific Transport Division, 2010. Elektronisch bereit gestellt durch: http://www.unescap.org/ttdw/index.asp?MenuName=TheTrans-AsianRailway (Zugriff: 08.07.2010).

verkerhrsRUNDSCHAU (2008): DB Schenker fährt regelmäßig nach China. verkehrsRUNDSCHAU, Hamburg 06.10.2008. Elektronisch bereits gestellt durch: http://www.verkehrsrundschau.de/db-schenker-faehrt-regelmaessig-nach-china-755966.html (Zugriff: 08.06.2010).

Vinokurov, Evgeny; Jadraliyev, Murat; Shcherbanin, Yuri (2009): The EurAsEC Transport Corridors. Eurasian Development Bank, Almaty März 2009. Elektronisch bereit gestellt durch: http://transtec.transtec-neva.com/files/File/PressReliz/EurAsEC_Trans_Cor.pdf (Zugriff: 09.07.2010).

Wagner, Hans (2004): Konkurrenz für die Transsib: Transeurasische Eisenbahn. Eurasisches Magazin, 27.05.2004. Elektronisch bereit gestellt durch: http://www.eurasischesmagazin.de/artikel/?artikelID=20040512 (Zugriff: 08.06.2010).

Wieninternational (2009): Historisches Eisenbahnprojekt Moskau-Wien. Wieninternational, 04.03.2009. Elektronisch bereit gestellt durch: http://www.wieninternational.at/de/node/12865 (Zugriff: 01.07.2010).

Wirtschaftslexikon24 (2010): FOR. Wirtschaftslexikon24, 2010. Elektronisch bereit gestellt durch: http://www.wirtschaftslexikon24.net/d/for/for.htm (Zugriff: 01.06.2010).

Wirtschaftswoche (2004): Deutschland ist in der Containerschifffahrt eine Weltmacht. Wirtschaftswoche, Hamburg 02.12.2004. Elektronisch bereit gestellt durch: http://www.wiwo.de/unternehmen-maerkte/deutschland-ist-in-der-containerschifffahrt-eine-weltmacht-370093/ (Zugriff: 20.06.2010).

Wirtschaftswoche (2008a): Reeder verdoppeln Handelsflotte. Wirtschaftswoche, Hamburg 02.01.2008. Elektronisch bereit gestellt durch: http://www.wiwo.de/handelsblatt/reeder-verdoppeln-handelsflotte-260338/ (Zugriff: 20.06.2010).

Wirtschaftswoche (2008b): Boom der Containerschifffahrt am Ende. Wirtschaftswoche, 19.08.2008. Elektronisch bereit gestellt durch: http://www.wiwo.de/unternehmen-maerkte/boom-der-containerschifffahrt-am-ende-304420/ (Zugriff: 20.06.2010).

Wirtschaftswoche (2008c): Reeder schimpfen auf Banken. Wirtschaftswoche, Hamburg 04.12.2008. Elektronisch bereit gestellt durch: http://www.wiwo.de/unternehmen-maerkte/reeder-schimpfen-auf-banken-380132/ (Zugriff: 20.06.2010).

Wirtschaftswoche (2010): Lage der Reeder verbessert sich. Wirtschaftswoche, 02.07.2010. Elektronisch bereit gestellt durch: http://www.wiwo.de /unternehmen-maerkte/lager-der-reeder-verbessert-sich-434702/ (Zugriff: 11.08.2010).

Wöhl, Günter (2000): Schienenfahrzeugtechnik. In: Schubert, Werner (Hrsg.): Verkehrslogistik: Technik und Wirtschaft. Verlag Vahlen, München 2000, S.421-506.

Wöhl, Peter; Geyer, Thomas (2002): Elektrische Mehrloksystemlokomotiven für den internationalen Güterverkehr. In: Verband Deutscher Verkehrsunternehmen (VDV), VDV-Förderkreis e.V. (Hrsg.): Die Güterbahnen: Zukunftsfähige Mobilität für Wirtschaft und Gesellschaft. Alba Fachverlag, Düsseldorf, Köln 2002, S.294-311.

Wong, Peter C. (2009): A Study of Market Structure for Far East – Europe Liner Trade after the Abolishment of Far East Freight Conference. Institute of Seatransport, Hongkong 2009. Elektronisch bereit gestellt durch: http://www.seatransport.org/seaview_doc/SV_87/SV_87%20-%20A%20study%20of%20market%20structure.pdf (Zugriff: 27.08.2010).

Kolibri 360 GmbH
Ferdinand-Jühlke-Straße 7
99095 Erfurt, Deutschland
produktsicherheit@kolibri360.de